어렵고 따분한 과학책은 지구에서 사라져라!

이상하게 재밌는 생활 과학

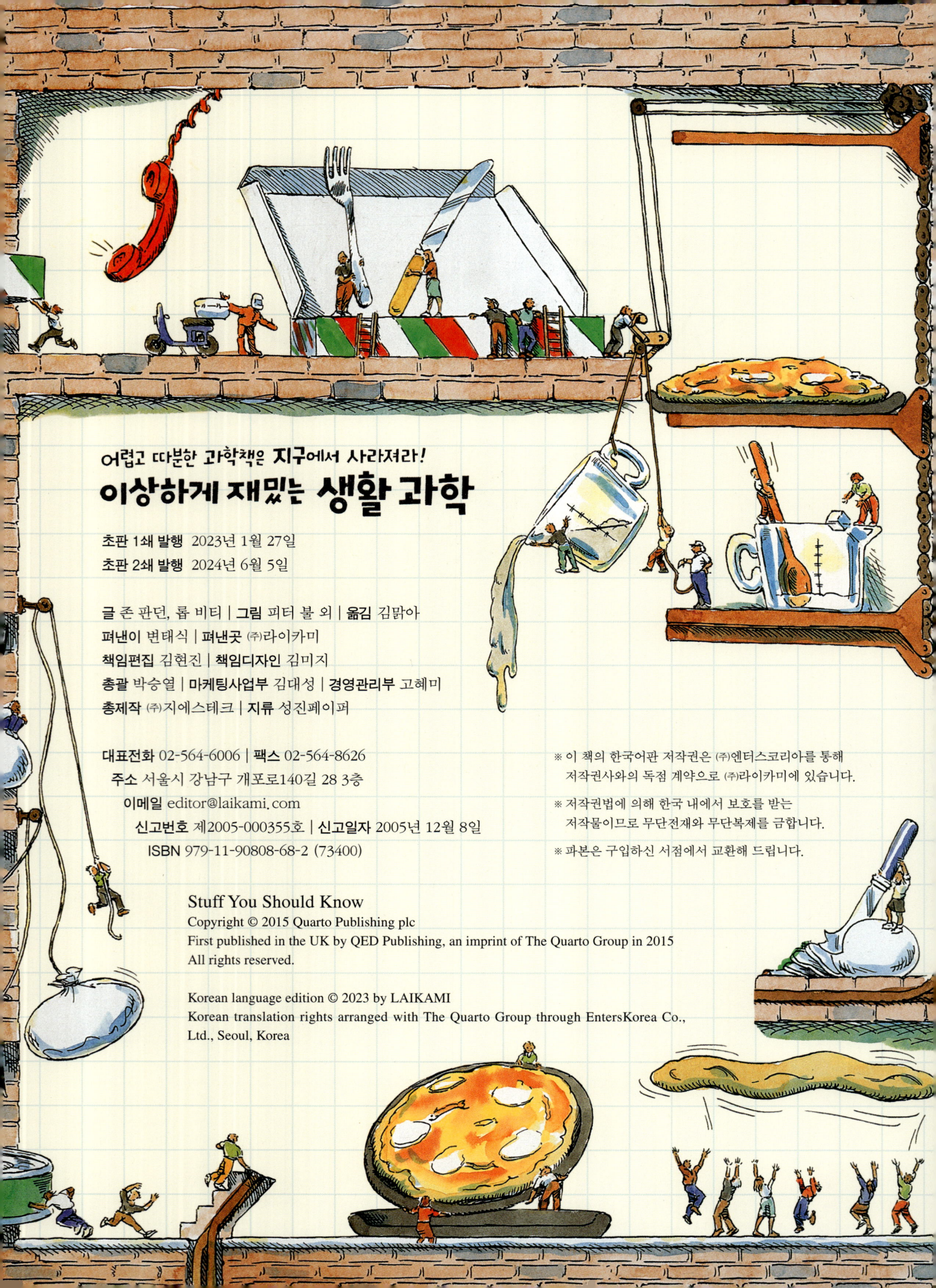

어렵고 따분한 과학책은 지구에서 사라져라!
이상하게 재밌는 생활 과학

초판 1쇄 발행 2023년 1월 27일
초판 2쇄 발행 2024년 6월 5일

글 존 판던, 롭 비티 | **그림** 피터 불 외 | **옮김** 김맑아
펴낸이 변태식 | **펴낸곳** ㈜라이카미
책임편집 김현진 | **책임디자인** 김미지
총괄 박승열 | **마케팅사업부** 김대성 | **경영관리부** 고혜미
총제작 ㈜지에스테크 | **지류** 성진페이퍼

대표전화 02-564-6006 | **팩스** 02-564-8626
주소 서울시 강남구 개포로140길 28 3층
이메일 editor@laikami.com
신고번호 제2005-000355호 | **신고일자** 2005년 12월 8일
ISBN 979-11-90808-68-2 (73400)

※ 이 책의 한국어판 저작권은 ㈜엔터스코리아를 통해 저작권사와의 독점 계약으로 ㈜라이카미에 있습니다.
※ 저작권법에 의해 한국 내에서 보호를 받는 저작물이므로 무단전재와 무단복제를 금합니다.
※ 파본은 구입하신 서점에서 교환해 드립니다.

Stuff You Should Know
Copyright © 2015 Quarto Publishing plc
First published in the UK by QED Publishing, an imprint of The Quarto Group in 2015
All rights reserved.

Korean language edition © 2023 by LAIKAMI
Korean translation rights arranged with The Quarto Group through EntersKorea Co., Ltd., Seoul, Korea

어렵고 따분한 과학책은 지구에서 사라져라!

이상하게 재밌는 생활 과학

글-존 판던, 롭 비티 그림-피터 불 외

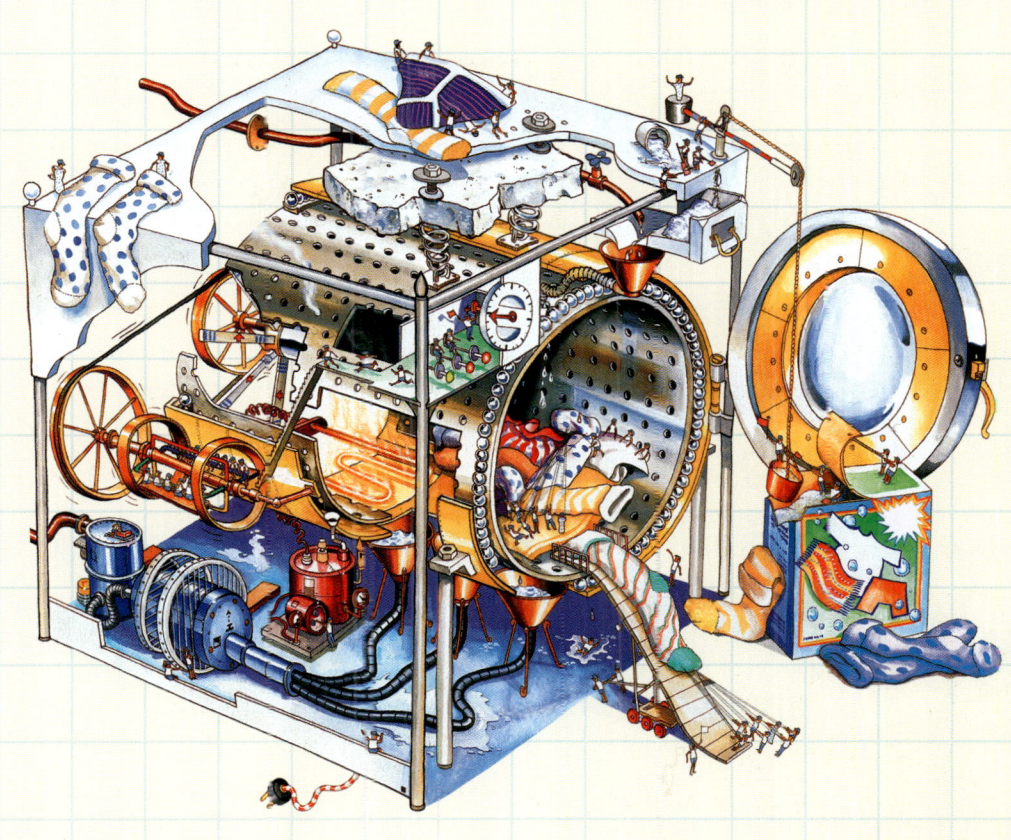

LAIKAMI
라이카미

차례

어떻게 작동하는 걸까?	06
전기	08
도시가스	10
상수도	12
하수 처리	14
쓰레기 처리	16
우편배달 ★	18
초인종	24
전자레인지	26
냉장고	28
세탁기	30
토스터	32
피자 배달 ★	34
푸드 프로세서	40
진공청소기	42
재봉틀	44

헤어드라이어	46
변기 수조	48
스마트폰 ★	50
3D 프린터	56
연기 감지기	58
태양 발전	60
일기 예보	62
텔레비전	64
로켓 발사	66
인공위성 ★	68
자동차	72
제트기	74
잠수정	76
용어 해설	78
찾아보기	80

일러두기

★ 표시가 있는 글은 양쪽으로 크게 펼쳐서 보는 형식이에요.

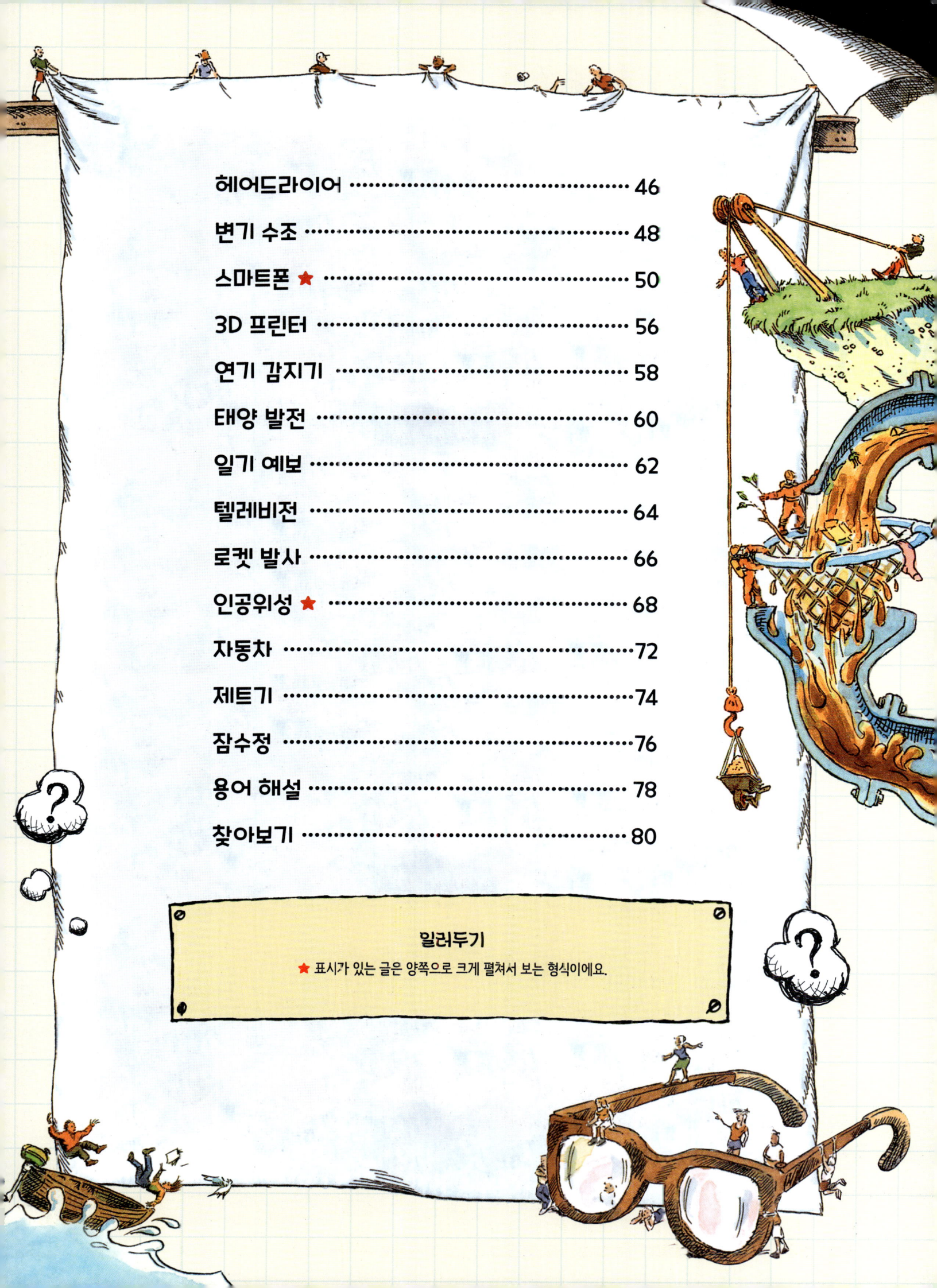

어떻게 작동하는 걸까?

200년 전만 해도 집에서 물이나 불을 쓰려면, 집 밖으로 나가서 양손 무겁게 물을 떠 오고 땔감이나 기름을 구해서 힘들게 불을 붙여야 했어요. 먹을 것도 직접 기르거나 사 와서 요리해야 했죠. 지금은 어떤가요? 집 안에서 수도만 틀면 깨끗한 물이 콸콸 나오고, 스위치만 누르면 전등이 환하게 켜져요. 또 가스레인지만 켜면 불을 쓸 수 있고, 필요한 물건이나 먹고 싶은 음식을 집 앞까지 배달시킬 수도 있지요. 모든 게 쉽고 편리하게 바뀌었어요!

편지 봉투에 주소와 우편 번호를 쓰고 우표를 붙여요.

볼일을 보고 물을 내려요.

더울 땐 차가운 물로, 추울 땐 따뜻한 물로 씻어요.

음식물 쓰레기, 일반 쓰레기, 재활용품으로 나눠 버려요.

수도꼭지에서 나오는 물을 마시고 설거지도 해요.

가스레인지나 인덕션, 전자레인지로 요리를 해요.

더러워진 옷은 세탁기에 넣어서 깨끗이 빨아요.

하수관

수도관

06

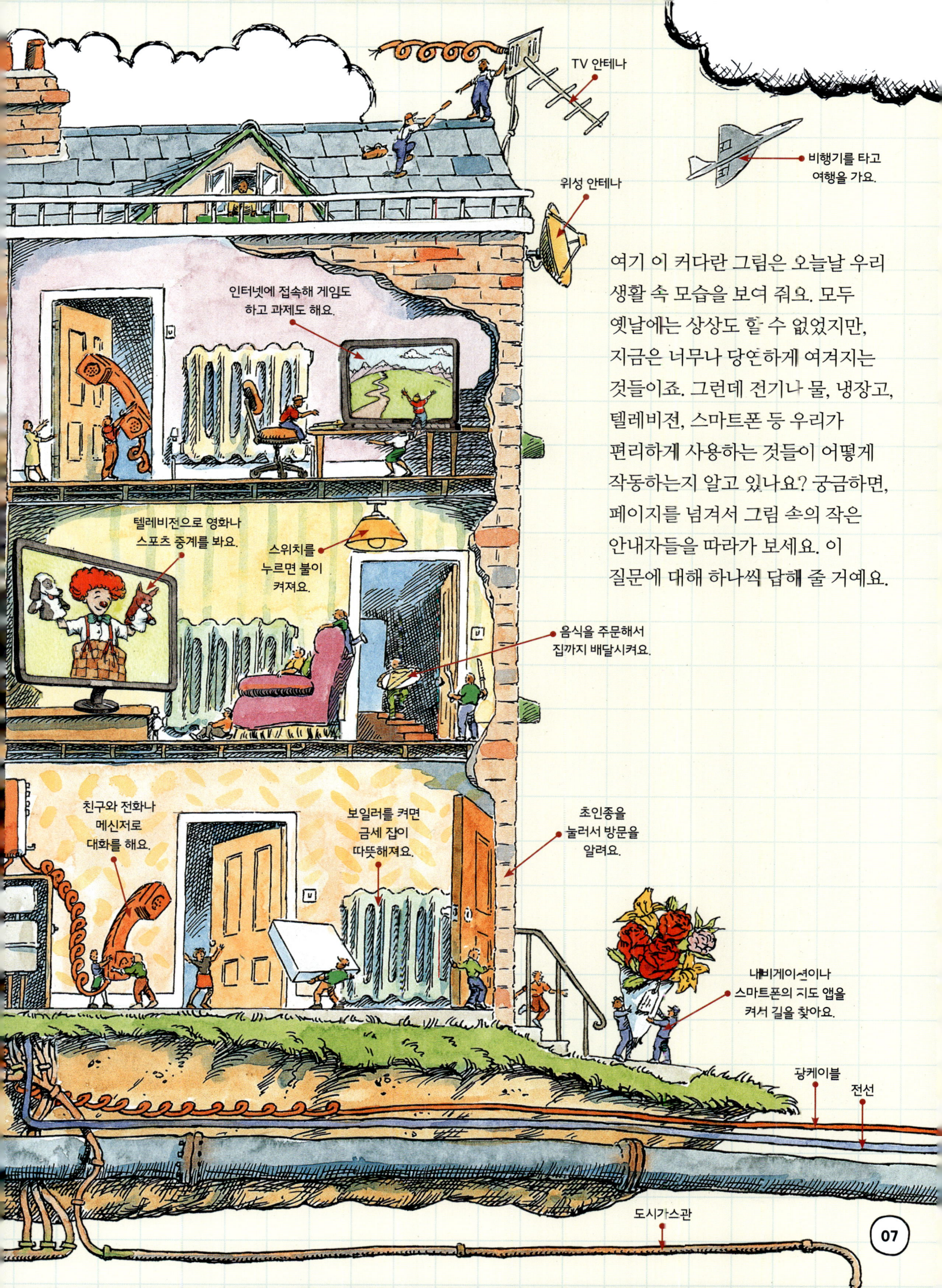

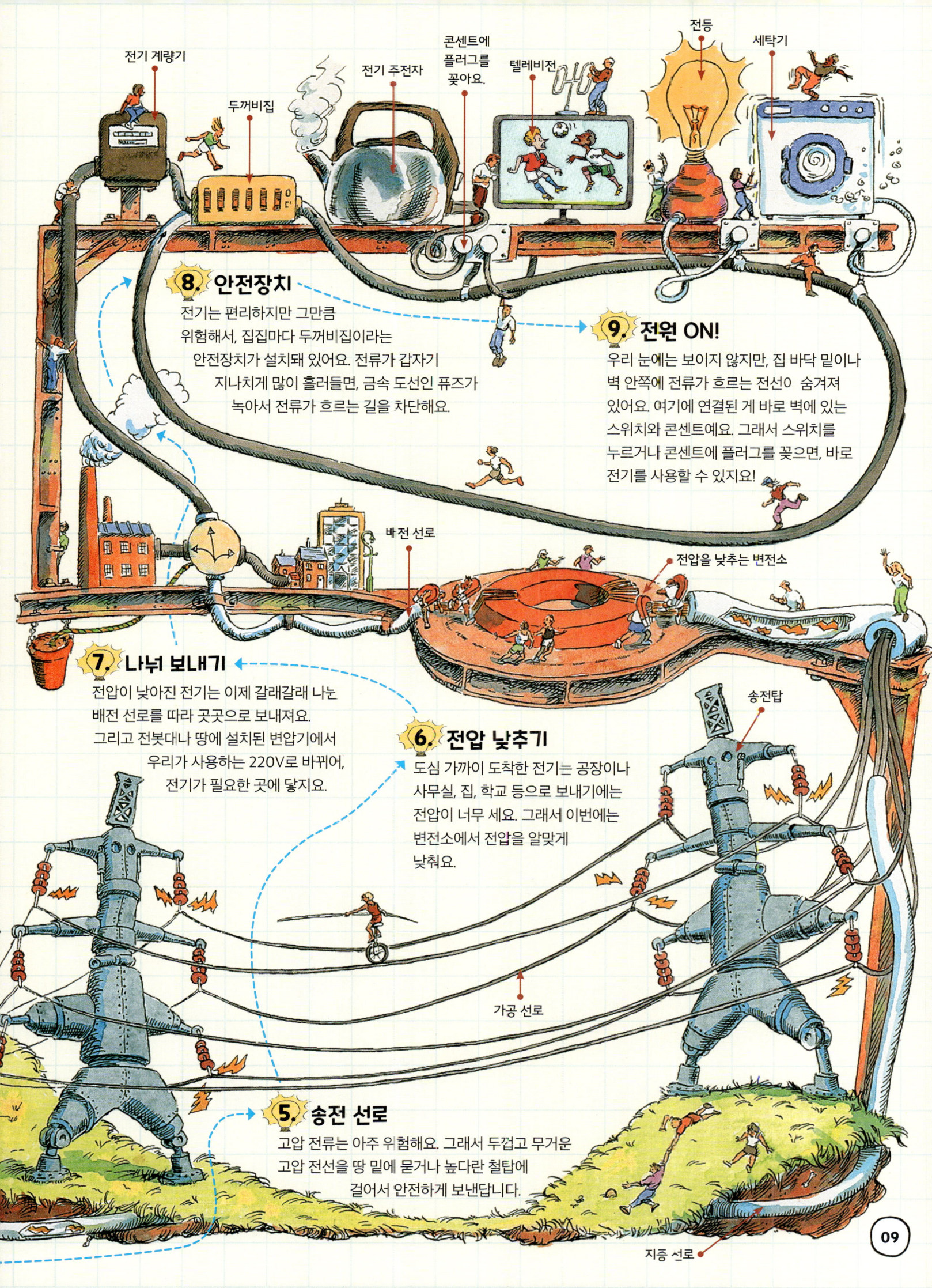

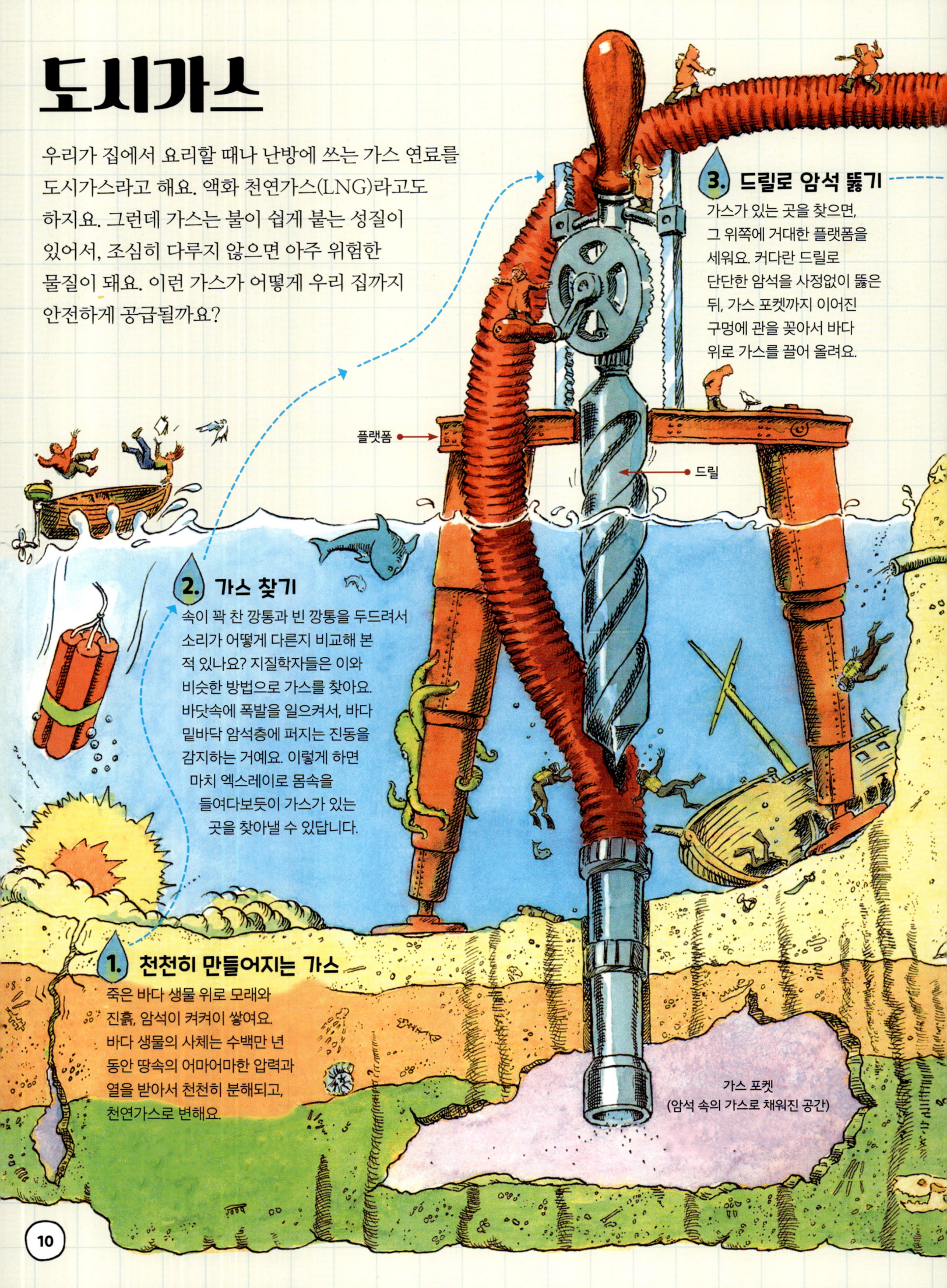

도시가스

우리가 집에서 요리할 때나 난방에 쓰는 가스 연료를 도시가스라고 해요. 액화 천연가스(LNG)라고도 하지요. 그런데 가스는 불이 쉽게 붙는 성질이 있어서, 조심히 다루지 않으면 아주 위험한 물질이 돼요. 이런 가스가 어떻게 우리 집까지 안전하게 공급될까요?

3. 드릴로 암석 뚫기
가스가 있는 곳을 찾으면, 그 위쪽에 거대한 플랫폼을 세워요. 커다란 드릴로 단단한 암석을 사정없이 뚫은 뒤, 가스 포켓까지 이어진 구멍에 관을 꽂아서 바다 위로 가스를 끌어 올려요.

플랫폼 →
← 드릴

2. 가스 찾기
속이 꽉 찬 깡통과 빈 깡통을 두드려서 소리가 어떻게 다른지 비교해 본 적 있나요? 지질학자들은 이와 비슷한 방법으로 가스를 찾아요. 바닷속에 폭발을 일으켜서, 바다 밑바닥 암석층에 퍼지는 진동을 감지하는 거예요. 이렇게 하면 마치 엑스레이로 몸속을 들여다보듯이 가스가 있는 곳을 찾아낼 수 있답니다.

1. 천천히 만들어지는 가스
죽은 바다 생물 위로 모래와 진흙, 암석이 켜켜이 쌓여요. 바다 생물의 사체는 수백만 년 동안 땅속의 어마어마한 압력과 열을 받아서 천천히 분해되고, 천연가스로 변해요.

가스 포켓
(암석 속의 가스로 채워진 공간)

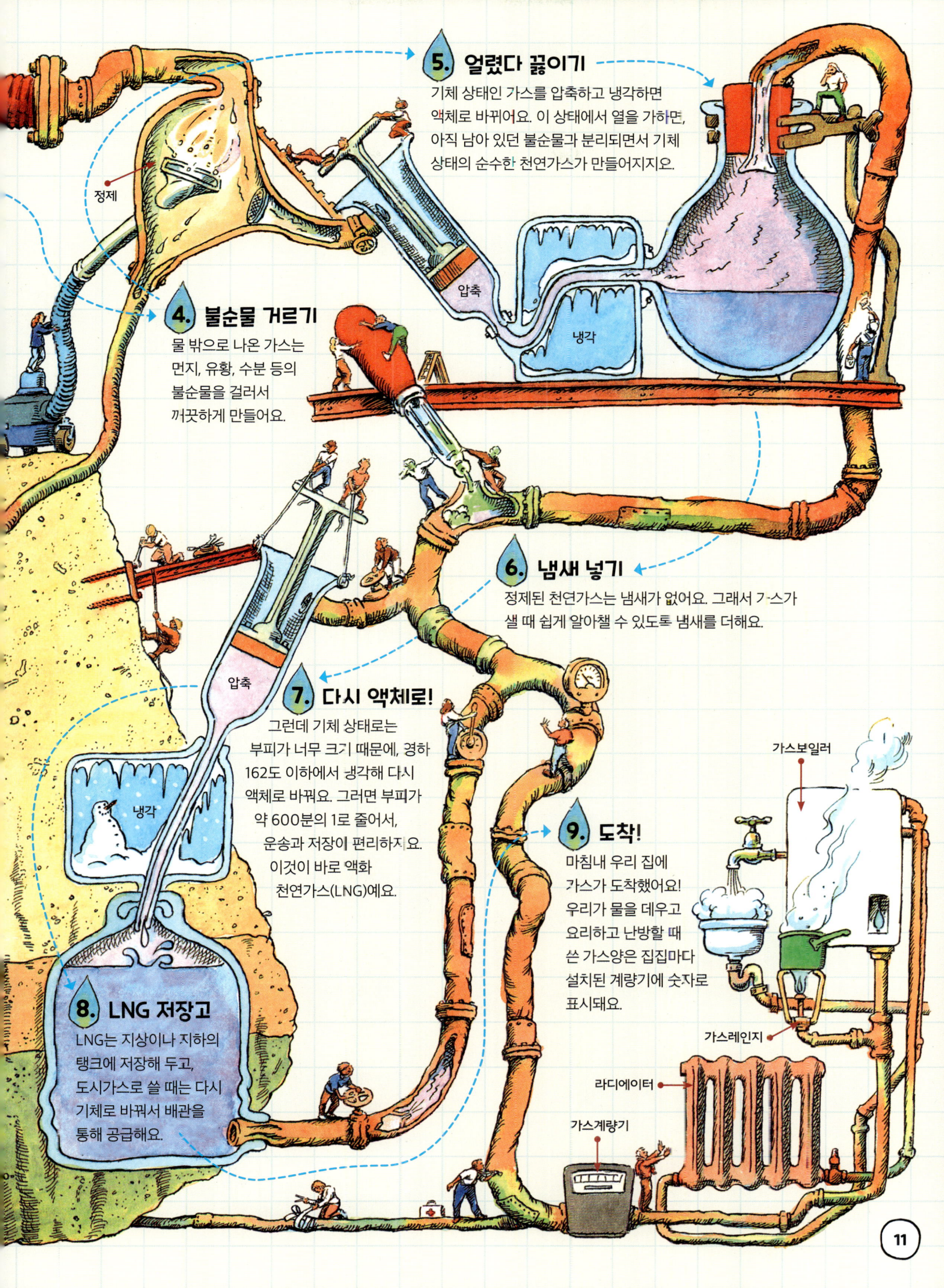

상수도

수도꼭지를 틀면 언제나 깨끗한 물이 콸콸 나와요. 우리는 이 물을 마시기도 하고 씻거나 빨래할 때도 쓰지요. 우리가 쓰는 수돗물은 강으로 흘러들거나 땅속으로 스며든 빗물에서 시작한답니다. 빗물이 어떻게 수돗물이 될까요?

빗물을 걸러요.

1. 이물질 거르기
강이나 호수, 댐, 저수지 등에서 물을 끌어와, 물속의 흙이나 모래 등은 가라앉히고 떠다니는 나뭇잎이나 나뭇가지, 쓰레기, 죽은 물고기 등은 걸러 내요.

모터 펌프로 빗물을 끌어 올려요.

8. 집에 도착!
수도관은 우리 집 곳곳에 뻗은 작은 관들과 연결돼 있어요. 그래서 물이 필요한 곳에서 수도만 틀면 콸콸 쏟아져 나오지요. 그런데 쓰고 난 물은 어디로 가냐고요? 다음 장을 봐요!

7. 특별한 수도꼭지
거리와 건물 안에 특별한 수도꼭지가 있어요. 바로 불이 났을 때 소화 호스를 연결하는 소화전이에요. 소화전은 높은 압력으로 물이 흐르는 수도관과 곧바로 연결돼 있어서, 물이 아주 세게 뿜어져 나와요. 그래서 소화전의 물을 사용할 때는 여러 명의 소방관이 호스를 아주 꽉 붙잡고 있어야 해요.

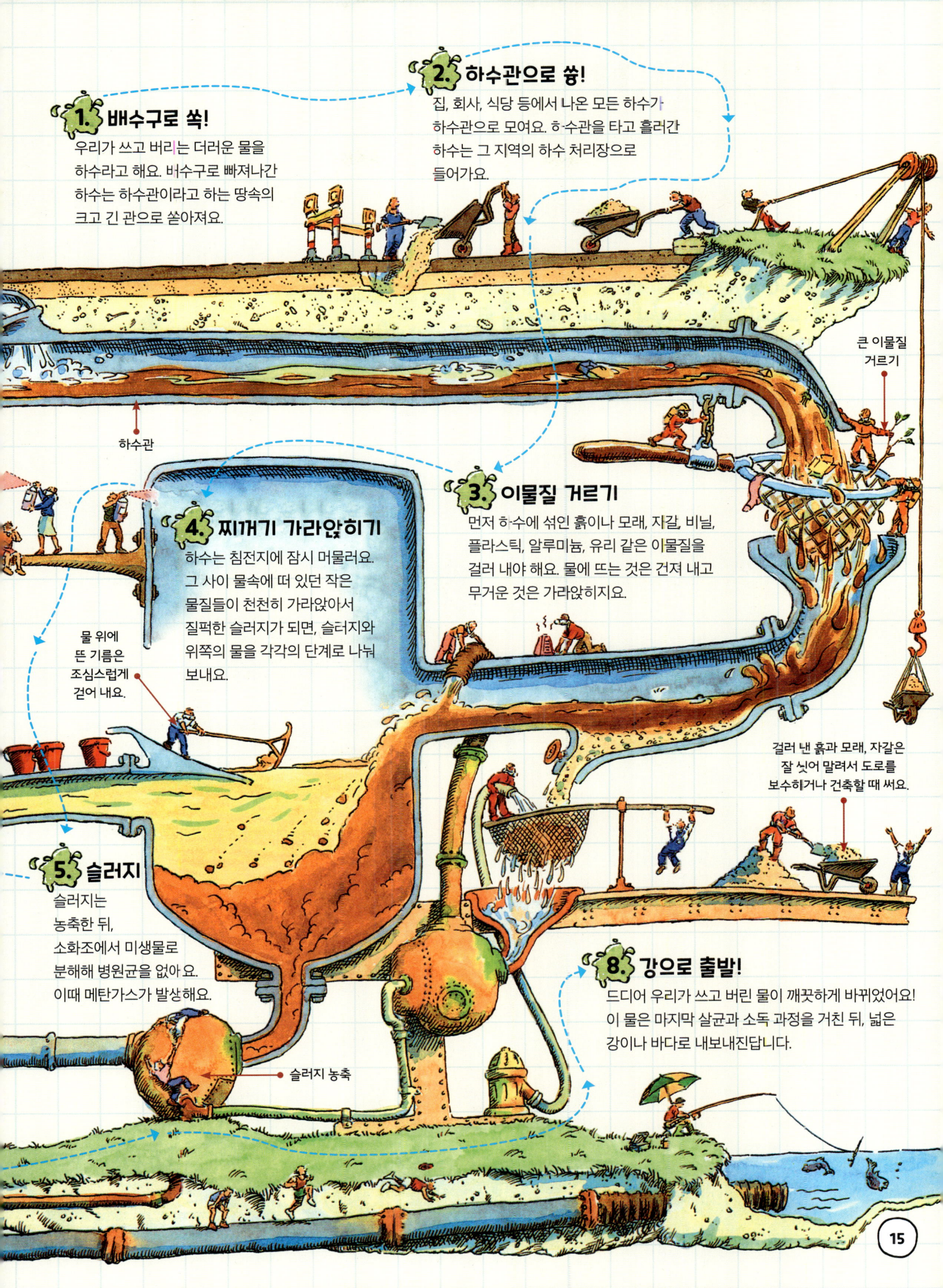

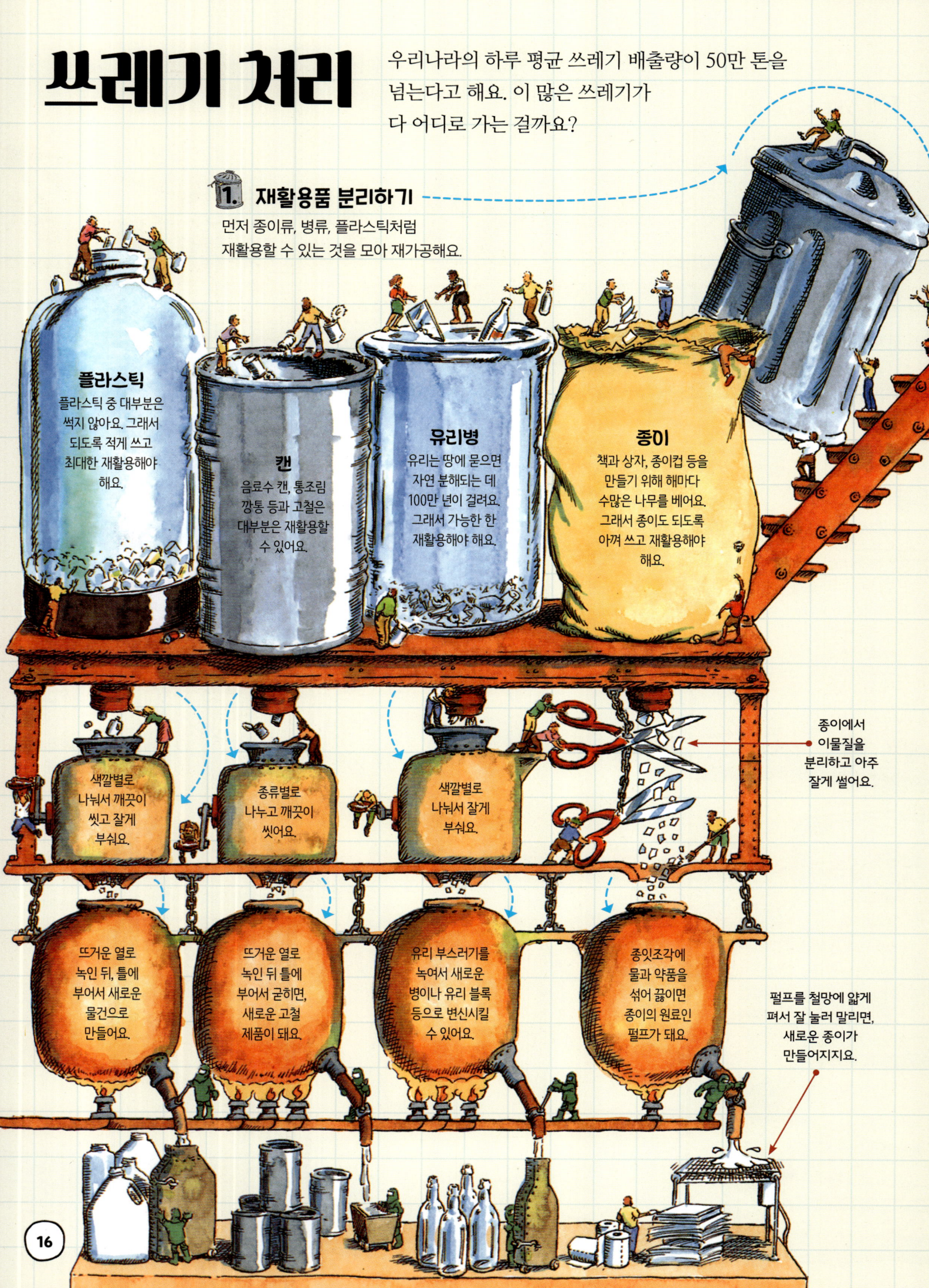

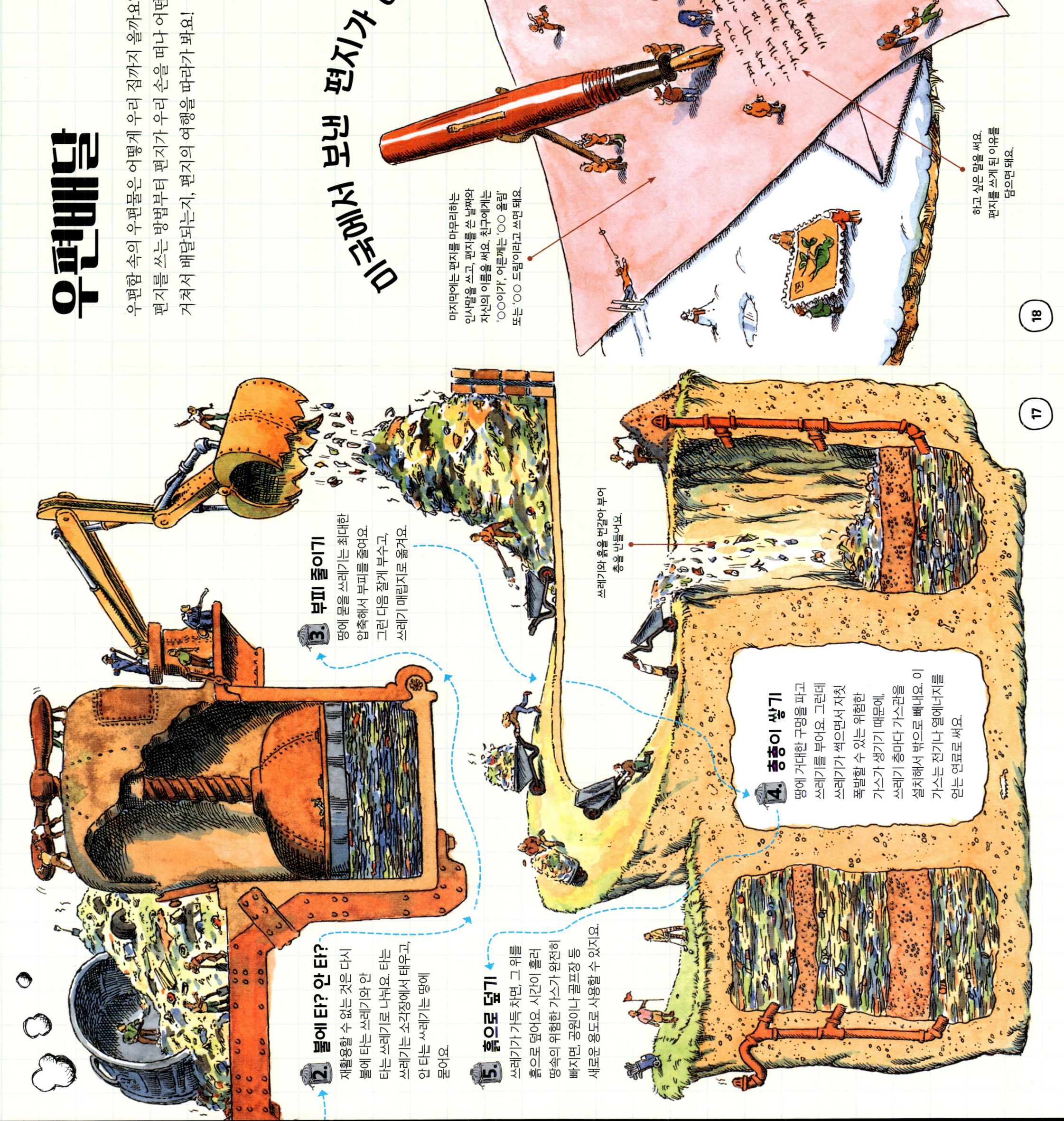

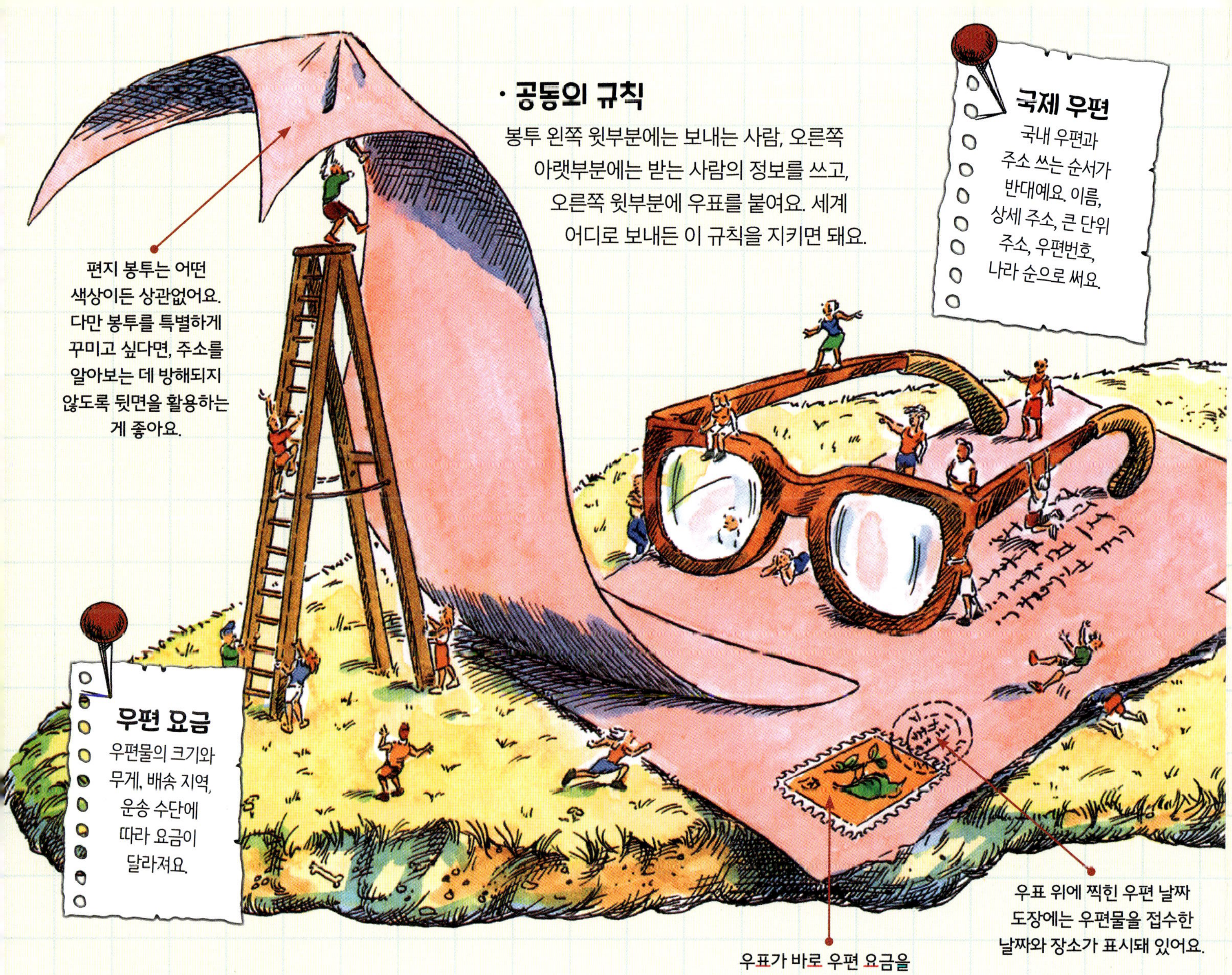

모스트렐랜드에 무사히 도착할 수 있을까요?

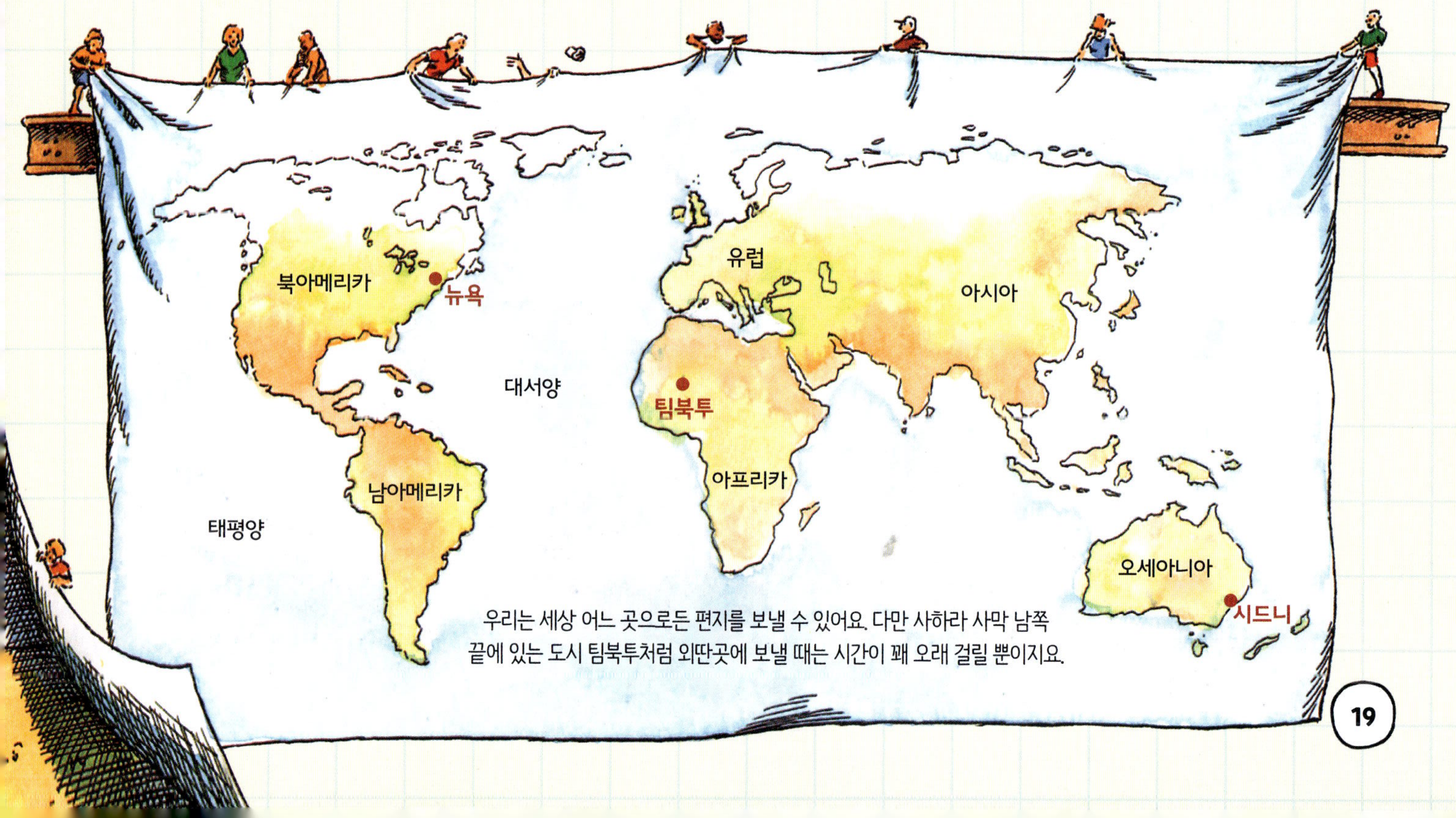

공룡의 규칙
북쪽 왼쪽 윗부분에는 편지를 보내는 사람, 오른쪽 이랫부분에는 받는 사람의 정보를 써요. 오른쪽 윗부분에는 만든 우표를 붙여요. 세계 어디로 보내든 이 규칙만 지키면 돼요.

우편 모음
우편물의 크기와 무게, 배송 지역에 따른 요금이 달라져요.

국제 우편
국외 우편일 때는 주소 쓰는 순서가 반대예요. 상세 주소, 큰 단위 주소, 우편번호, 나라 순으로 쓰세요.

우표가 바로 우편 요금을 냈다는 증표예요.

우표 위에 찍힌 우편 날짜 도장에는 우편물을 접수한 날짜와 장소가 표시되어 있어요.

태평양
북아메리카
대서양
남아메리카
유럽
아프리카
아시아
태평양
오세아니아
시드니

우리는 세상 어느 곳으로든 편지를 보낼 수 있어요. 모스트렐랜드에 있는 도시는 터널북이 지하철처럼 연결되어 있는 복잡한 도로망을 통해 어느 시간에 빠르고 오래 걸리진 않지요.

19

초인종

만약 초인종이 이렇게 작동하는지 궁금했다면, 지금이 기회예요! 초인종은 전자석을 이용한 대표적인 장치랍니다, 전류가 흐르면 금속이 자석처럼 변해서 망치로 종을 울린답니다. 이렇게? 이렇게!

1. 버튼 꾹!
초인종 버튼을 누르면 스위치가 눌러지면서 전기 회로가 완성돼 전류가 흘러요. 사자해요. 지, 지금부터는 버튼이 전기지기까지 톱아가서 스위치가 떨어지기 전까지 아주 짧은 시간 동안 일어나는 일이에요!

스위치가 눌러지면 전류가 흘러요.

울려대는 스피커 안처럼, 종이 울려가면 전류가 끊겨요.

2. 낮아지는 전압!
초인종은 텔레비전이나 에어컨과 다르게 저전압 회로로 설계해요. 그래서 변압기로 전류를 낮춰야 해요.

직장에서 나오는 전류를 다른 전류와 변경해요.

3. 전선 주위의 자기장
전선에 전류가 흐르면, 그 주위에 자석의 성질(자기)이 나타나요. 공간이 만들어져요. 이것을 자기장이라고 해요. 자기장은 눈에 보이지 않지만, 우리 눈에 보이지 않지요. 자기장은 나침반을 이용하면 확인할 수 있어요. 나침반을 전류가 흐르는 전선 가까이 놓으면 주위의 자기장에 따라 바늘이 움직이거든요.

건전지
전류
전원 스위치
모두 나침반에 빨간축 가리키던 바늘이
전류의 방향
나침반
방향
나침반 바늘이 자기장
방향대로 움직여요.

코일

전선

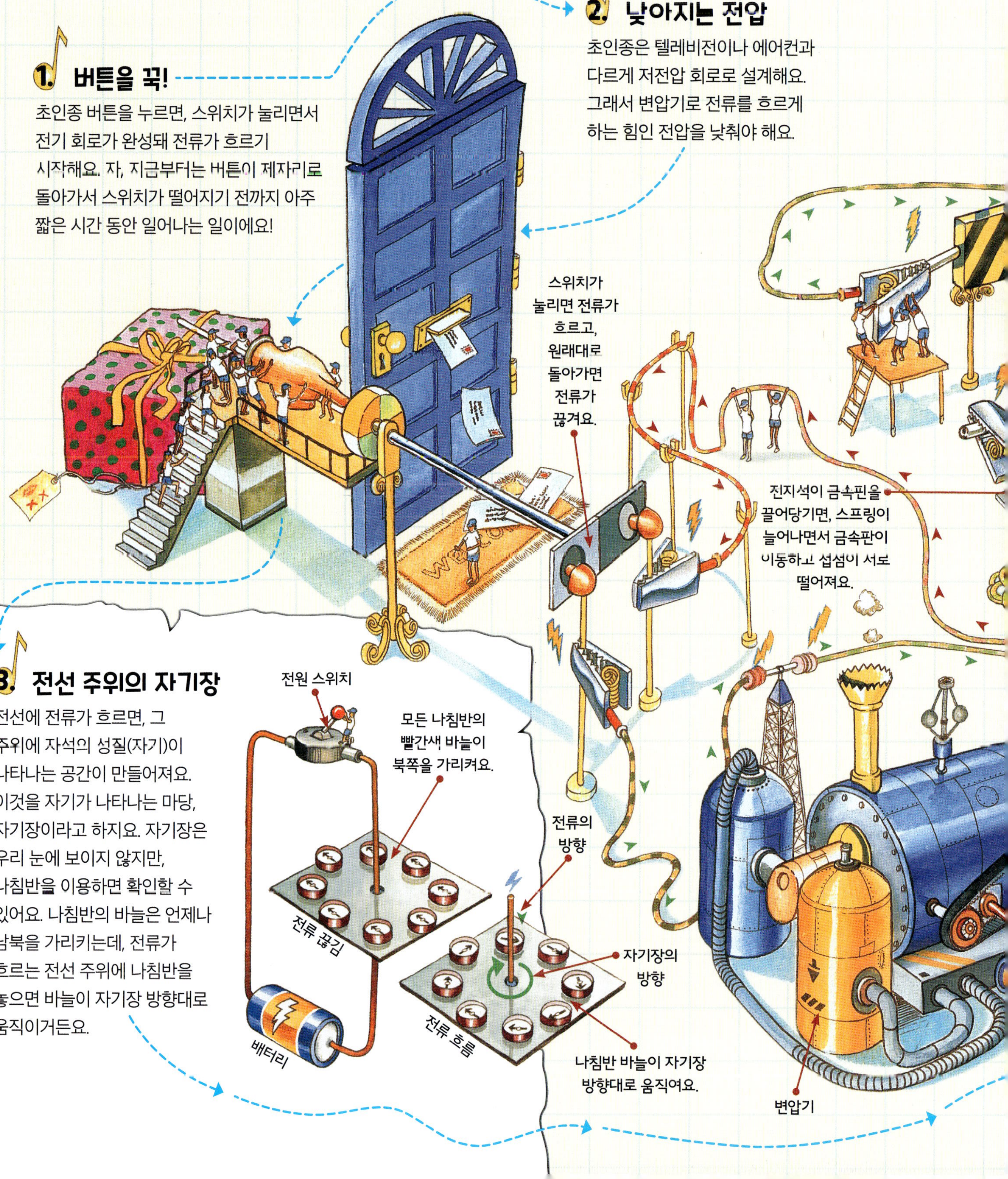

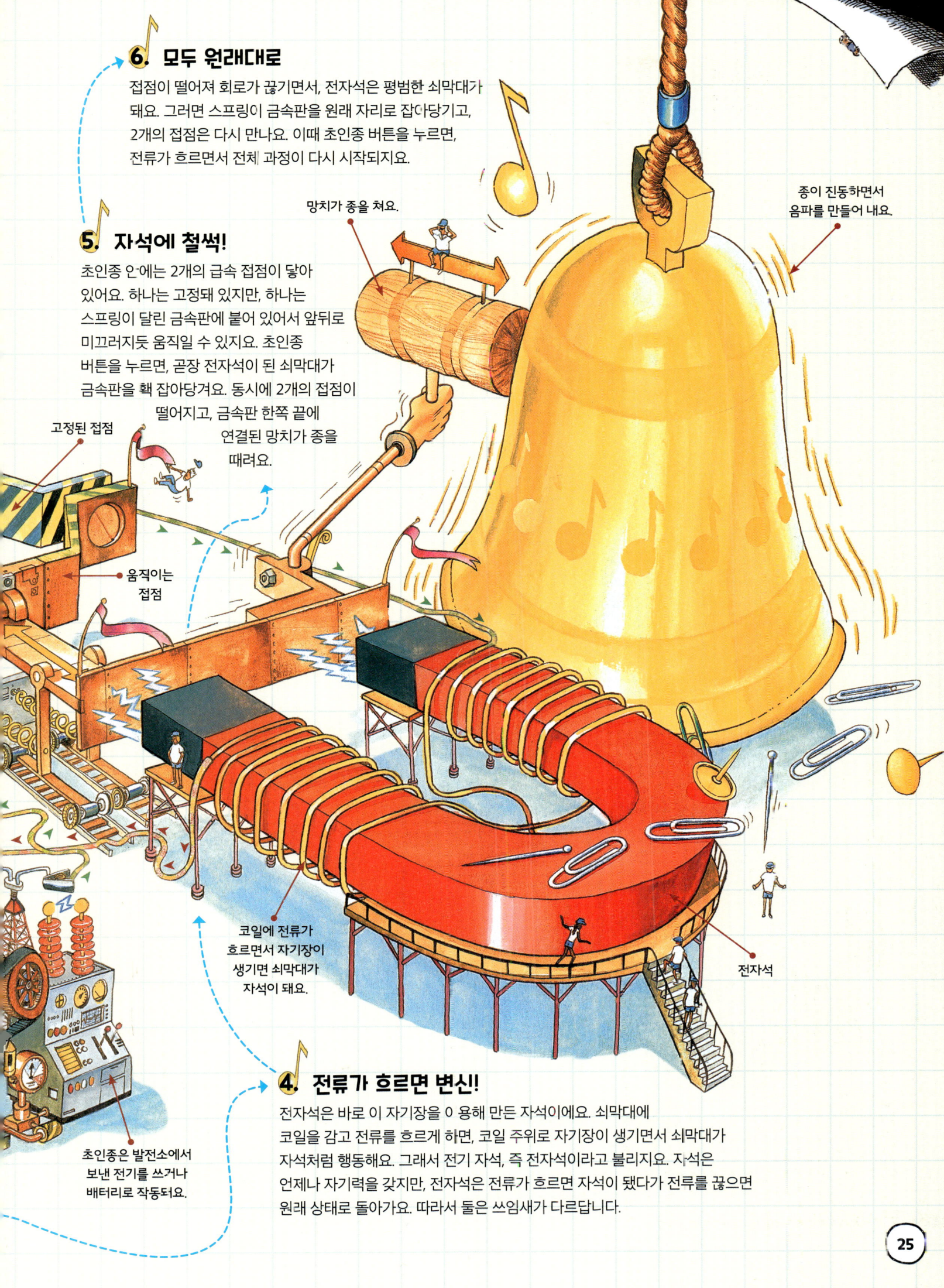

전자레인지

전자레인지는 음식을 단 몇 분 만에 데우거나 조리할 수 있는 편리한 기계예요. 오븐이나 에어프라이어처럼 기계 안쪽에서 뜨거운 열이 나오는 것도 아닌데, 어떻게 된 일일까요? 그건 마이크로파 때문이에요.

5. 음식물 속에 쏙!
바닥의 회전판이 돌면서, 마이크로파가 음식물 곳곳으로 들어가요. 차가운 음식 속에는 물 분자들이 띄엄띄엄 퍼져 있어요.

6. 흔들어!
물 분자들은 마이크로파 때문에 엄청난 속도로 흔들리면서, 서로 이리저리 스치고 부딪혀요.

7. 열이 난다, 열이 나!
이 과정에서 열이 일어나, 음식물 속부터 바깥으로 퍼져 나가요. 그래서 음식물이 뜨겁게 데워지고 익는 것이지요!

8. 띵!
다 됐다! 유리나 도자기, 플라스틱 그릇은 속에 물 분자가 없어서 아무런 반응이 일어나지 않아요. 하지만 음식물의 열과 수증기 때문에 뜨거울 수 있으니까, 조심히 꺼내야 해요!

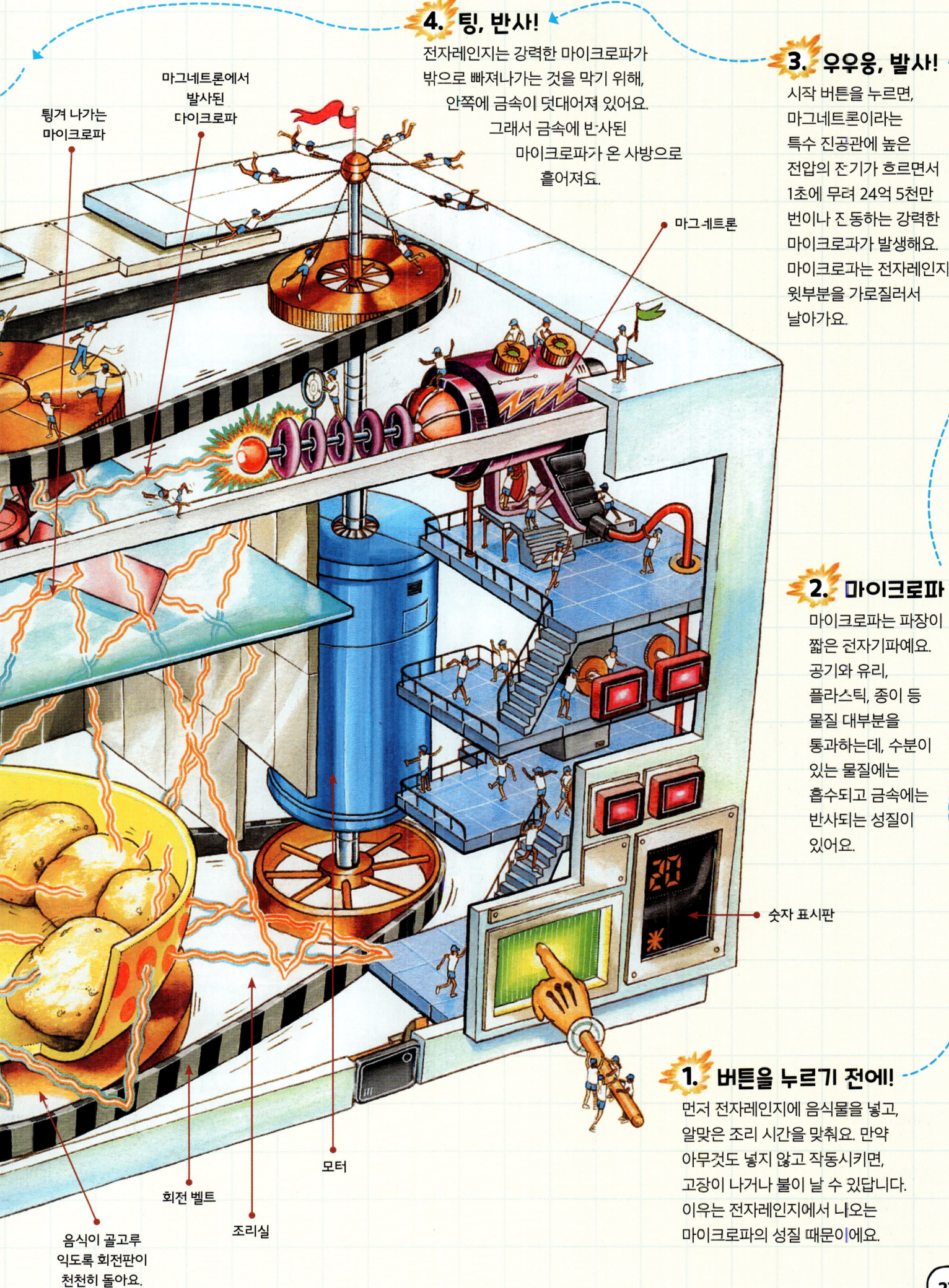

냉장고

우리 생활에 꼭 필요한 가전제품을 꼽을 때, 냉장고를 빼놓을 수 없어요. 냉장고는 항상 낮은 온도를 유지하면서 음식을 오랫동안 신선하게 보관해 주는 기기랍니다. 그런데 냉장고는 어떻게 늘 시원할까요? 정답은 구름구름한 관 속에 있어요.

1. 냉장고의 원리

수영을 하고 나서 몸이 물기를 닦지 않으면, 어느 순간 몸이 오싹 추워들어요. 물기가 증발하면서 우리 몸의 열을 빼앗아 가기 때문이지요. 냉장고는 바로 이 원리를 이용했어요. 비밀의 열쇠를 쥔 냉장고 속의 특별한 물질 '냉매'를 따라가 보세요!

2. 모습을 바꾸는 냉매

냉매란 냉장고의 에어컨 등에서 열을 운반해 냉각 작용을 일으키는 물질이에요. 그런데 냉매는 압력에 따라 기체→액체→기체로 계속해서 모습을 바꾼답니다. 중요한 점이니까 기억해 두세요.

3. 압축기

먼저 냉장고 아래쪽에 있는 압축기가 기체 상태의 냉매를 흡입해서 압축해요. 압축된 냉매는 약 80℃로 온도가 올라가, 고온 고압의 기체 상태가 돼요.

4. 응축기

압축된 뜨거운 기체는 냉장고 뒤쪽에 있는 응축기로 가요. 지그재그로 놓인 관을 통과하는 사이 열을 밖으로 내보내, 저온 고압의 액체 상태가 되지요. 냉장고 뒤편에서 열기가 느껴지는 이유가 바로 응축기에서 나오는 열 때문이랍니다.

5. 팽창 밸브

냉매는 팽창 밸브를 지나면서 압력이 급격히 낮아져서, 쉽게 증발할 수 있는 저온 저압 상태가 돼요. 팽창 밸브는 다음 단계인 증발기가 최대의 효율을 낼 수 있도록 냉매의 양을 적절하게 조절해서 내보내요.

- 팽창 밸브
- 증발기: 냉매가 액체 상태에서 기체 상태로 변해요.

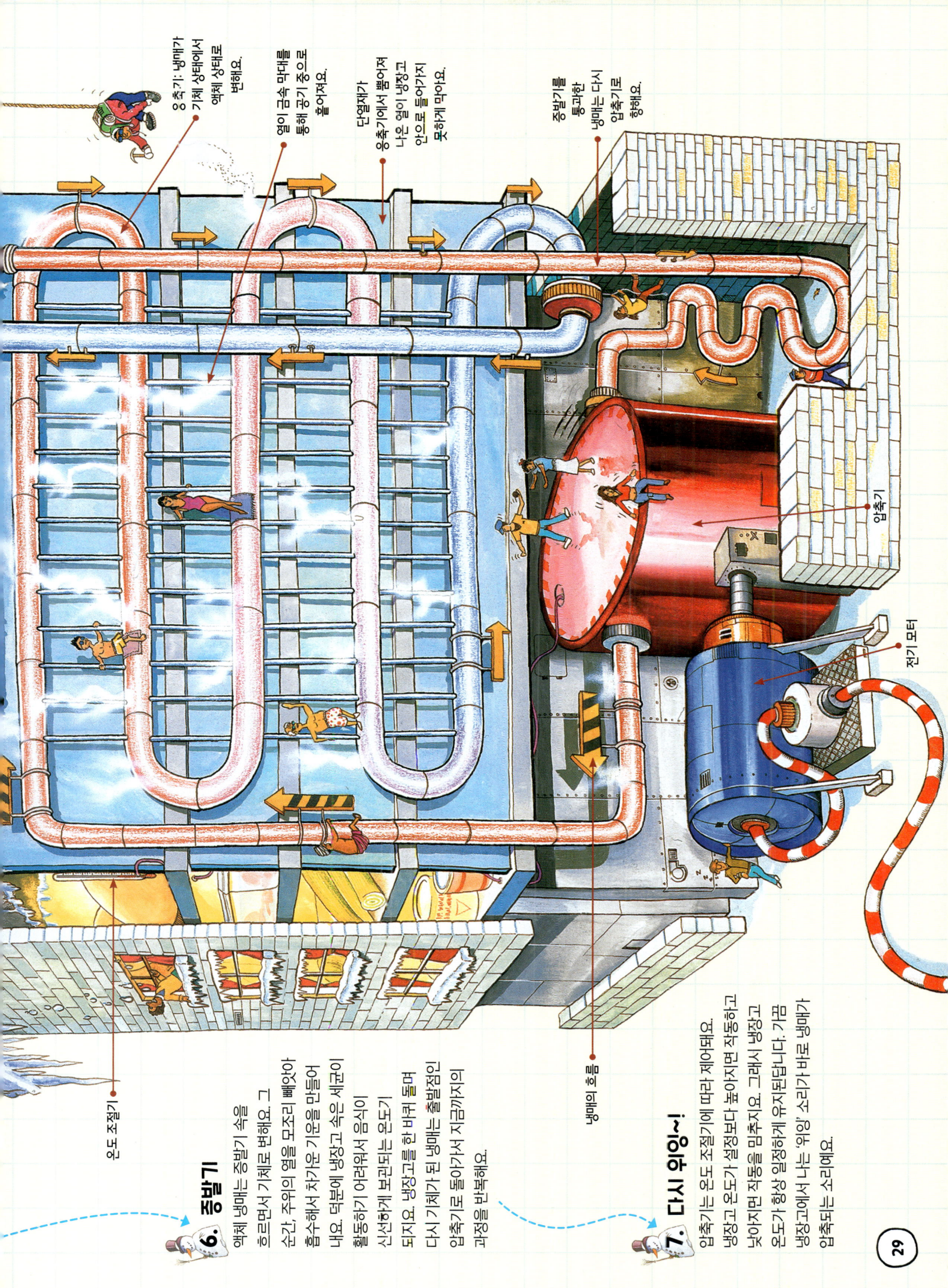

세탁기

옛날에는 옷을 빨려면 사람이 일일이 손으로 비비거나 돌멩이로 문지르고, 방망이로 두드려서 때를 빼야 했어요. 하지만 세탁기가 등장하면서 훨씬 편해졌지요! 재미있게도 세탁기는 우리가 손으로 빨래를 할 때와 매우 비슷한 원리로 작동한답니다.

6. 우우우우우웅!!
이제 드럼이 회전하면서, 빨랫감들이 드럼을 따라 위로 올라갔다가 아래로 철썩 떨어지는 동시에 서로 부딪히고 드럼 안쪽에 비벼져요. 빨랫감을 방망이로 두드리거나 손으로 비비고 문질러서 때를 빼는 것과 같은 원리이지요.

5. 쏟아지는 물
급수 밸브에 전원이 연결돼 물이 들어와요. 빨랫감 양에 알맞은 물이 들어오면, 수위 센서가 밸브를 차단해서 물이 끊겨요.

4. 우웅, 우웅!
시작 버튼을 누르면, 전기 모터에 연결된 드라이브 벨트가 움직이면서 내부 드럼을 빙글빙글 회전시켜요. 먼저 드럼이 우웅, 우웅 하고 몇 번 돌면서 빨랫감을 헤치고 균일하게 퍼트려요.

3. 문을 탕!
세탁조는 외부 드럼과 내부 드럼으로 이루어져 있어요. 외부 드럼은 세탁기에 움직이지 않게 고정돼 있고, 세탁기 문을 닫으면 완벽한 방수 구역이 돼요. 빨래를 담고 빙글빙글 도는 것은 구멍이 송송 뚫린 내부 드럼이랍니다.

2. 세제 투입
세제에는 빨랫감에 물이 잘 흡수되게 하고 얼룩과 먼지는 잘 없어지게 하는 여러 가지 화학 성분이 들어 있어요. 또 대부분의 세제에는 옷에 묻은 피나 기름, 음식물 같은 단백질과 지방 등이 잘 떨어지게 돕는 효소도 포함돼 있답니다.

1. 어떻게 빨래할까?
먼저 빨랫감의 종류에 따라 알맞은 세탁 코스를 선택해요. 예를 들어 섬세한 옷감은 쉽게 상하니까 부드럽게 빨아야 하고, 찌든 때가 많으면 뜨뜻한 물에 때를 불려서 강하게 빨아야 하지요. 자동 코스를 선택하면 세탁기가 빨랫감의 양을 파악해서 물 온도와 세탁 시간 등을 알아서 정해요.

세제 통

세탁기 문

안전장치가 세탁 중에는 문이 열리지 않게 해요.

세탁 세제

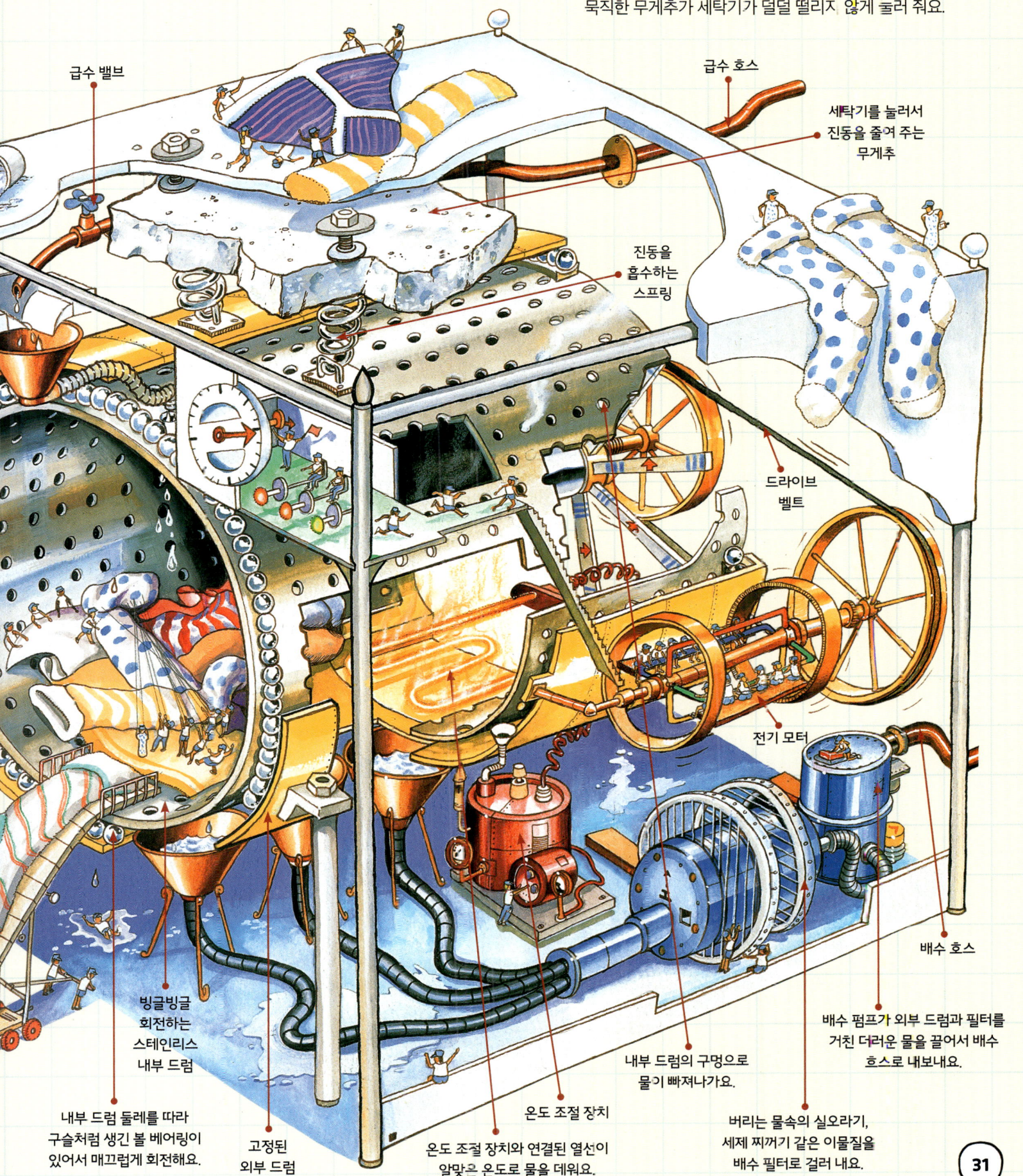

토스터

토스터는 아침 식사로 식빵을 즐겨 먹는 사람에게는 최고의 발명품 중 하나일 거예요. 기계에 빵을 넣기만 하면, 따끈따끈 노릇노릇하게 구워 주니까요. 게다가 우리가 지키고 앉아 있지 않아도 빵이 타지 않게 얼른 적당한 시점에 끄고 밖으로 꺼내 주지요.

1. 딸깍!

토스터에 빵을 넣고 레버를 끝까지 내리면, 받침대에 연결된 한 쌍의 강력한 금속 스프링이 늘어나면서 받침대가 딸깍하고 잠금장치에 걸려 고정돼요.

2. 후끈후끈

동시에 전기가 회로를 연결되면서 열판이 빨갛게 달아오르고, 이 열로 빵 양면이 노릇하게 구워져요. 반면 토스터 케이스는 열이 통하지 않는 재질이라서 손을 대도 데지 않아요.

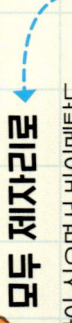
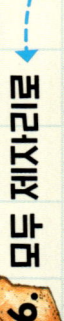
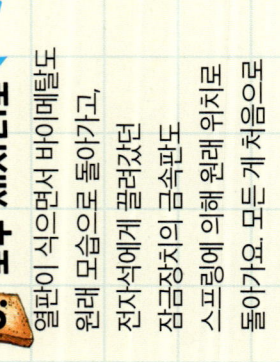

5. 토스트 완성!

잠금장치가 풀리는 동시에 열판에 받침대에 연결된 스프링이 수축하면서 레버가 위로 튕기고, 받침대가 딸려 올라가요. 그 결과 전기 회로가 끊겨서 열판의 전원이 꺼지고, 슬롯에 꽂혀 있던 빵은 투입구로 솟아오르지요. 빵이 먹기 좋게 구워졌어요!

6. 모두 제자리로

열판이 식으면서 바이메탈도 원래 모습으로 돌아가고, 전자석에게 끌려갔던 잠금장치의 금속판도 스프링에 의해 원래 위치로 돌아가요. 모두 게 처음으로 돌아있어요.

7. 더 바삭한 게 좋아?

참, 빵 굽기 정도는 바이메탈과 전기 접점 사이의 거리로 조절할 수 있어요. 둘 사이가 멀수록 바이메탈이 많이 구부러져야 하니까, 그만큼 토스터 속에 빵이 오래 머물러서 더 노릇노릇하게 구워지지요.

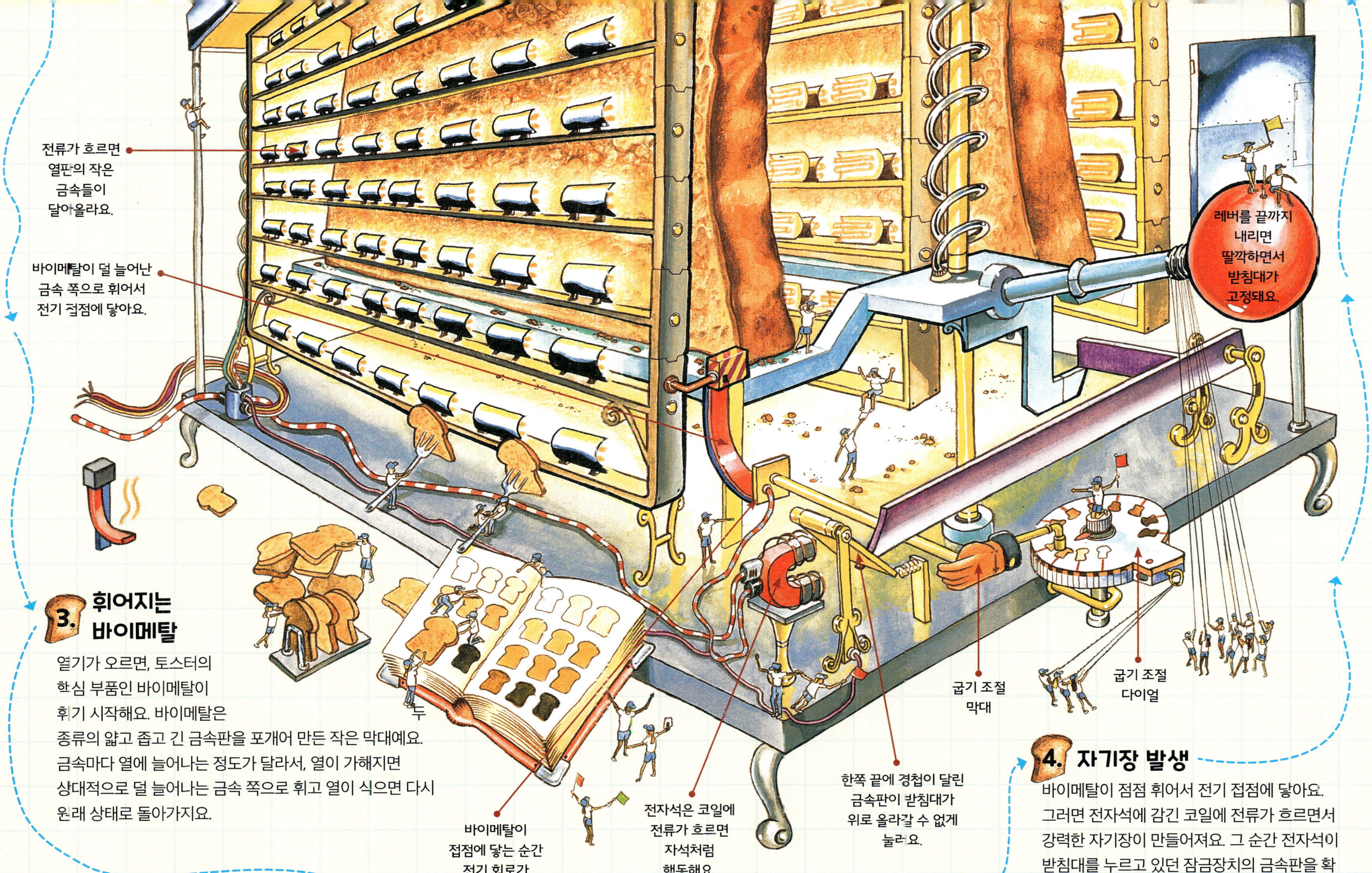

전류가 흐르면 열판의 작은 금속들이 달아올라요.

바이메탈이 덜 늘어난 금속 쪽으로 휘어서 전기 접점에 닿아요.

레버를 끝까지 내리면 딸깍하면서 받침대가 고정돼요.

3. 휘어지는 바이메탈
열기가 오르면, 토스터의 핵심 부품인 바이메탈이 휘기 시작해요. 바이메탈은 두 종류의 얇고 좁고 긴 금속판을 포개어 만든 작은 막대예요. 금속마다 열에 늘어나는 정도가 달라서, 열이 가해지면 상대적으로 덜 늘어나는 금속 쪽으로 휘고 열이 식으면 다시 원래 상태로 돌아가지요.

바이메탈이 접점에 닿는 순간 전기 회로가 완성돼요.

전자석은 코일에 전류가 흐르면 자석처럼 행동해요.

한쪽 끝에 경첩이 달린 금속판이 받침대가 위로 올라갈 수 없게 눌러요.

굽기 조절 막대

굽기 조절 다이얼

4. 자기장 발생
바이메탈이 점점 휘어서 전기 접점에 닿아요. 그러면 전자석에 감긴 코일에 전류가 흐르면서 강력한 자기장이 만들어져요. 그 순간 전자석이 받침대를 누르고 있던 잠금장치의 금속판을 확 끌어당겨요.

33

34

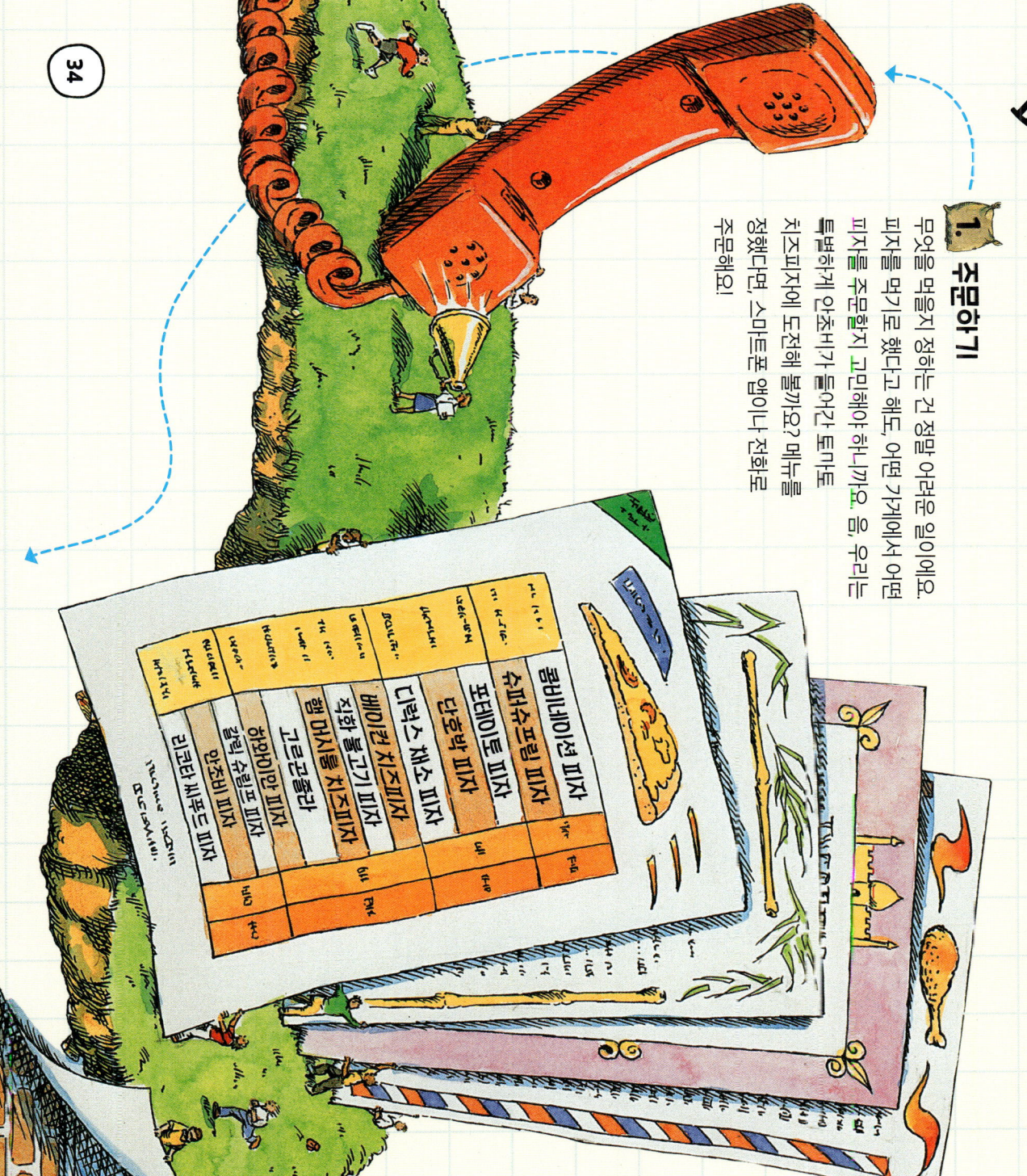

피자 배달

요즘은 스마트폰의 배달 앱이나 전화로 주문만 하면, 갖가지 음식이 우리 집까지 바로 배달돼요. 만약 피자를 주문하면, 세계 곳곳에서 모든 재료로 만든 따끈따끈한 피자가 한 시간도 안 돼서 도착하지요! 주문부터 배달까지, 어떤 과정으로 이뤄질까요?

피자에 들어가는 재료
피자를 기다릴 때는 한 시간도 너무 길게 느껴져요. 그런데 피자에 들어가는 모든 재료를 제배하고 모으는 데에는 거의 1년이 걸린답니다. 피자에 들어가는 요리 가지 재료에는 우리 몸이 제대로 작동하고 건강할 수 있게 돕는 각종 비타민과 영양소가 들어 있어요.

1. 주문하기
무엇을 먹을지 정하는 건 절대 어려운 일이에요. 피자를 먹기로 했다고 해도, 어떤 가게에서 어떤 피자를 주문할지 고민해야 하니까요. 음 우리는 특별하게 이웃집까지 들어간 토마토와 치즈피자에 도전해 보려고 해요! 매뉴를 정했다면, 스마트폰 앱이나 전화로 주문해요!

피자는 어떤 과정을 거쳐서 우리 집까지 올까?

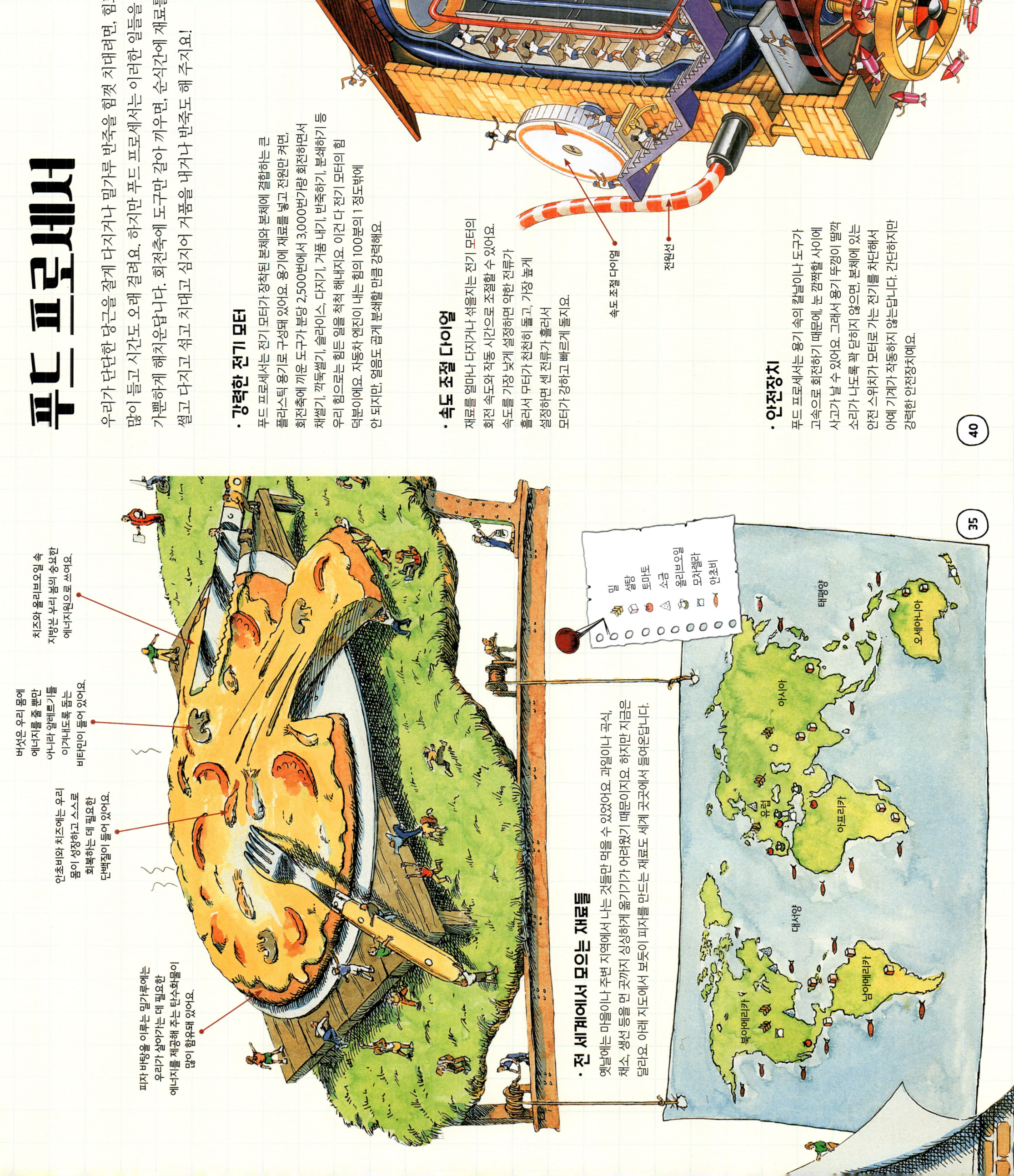

푸드 프로세서

우리가 단단한 덩어리를 쉽게 다지거나 말가루 반죽을 힘껏 치대려면, 힘도 많이 들고 시간도 오래 걸려요. 하지만 푸드 프로세서는 이러한 일들을 가뿐하게 해치운답니다. 회전축에 달린 도구만 갈아 끼우면, 순식간에 재료를 썰고 다지고 치대고 심지어 거품을 내거나 반죽도 해 주지요!

• 강력한 전기 모터

푸드 프로세서는 전기 모터가 장착된 본체에 결합하는 큰 플라스틱 용기로 구성돼 있어요. 용기에 재료를 넣고 전원만 켜면 회전축에 끼운 도구가 분당 2,500번에서 3,000번가량 회전하면서 채썰기, 작두썰기, 슬라이스, 다지기, 거품 내기, 반죽하기, 분쇄하기 등 우리 힘으로는 힘든 일을 척척 해내지요. 이건 다 전기 모터의 힘 덕분이에요. 자동차 엔진의 1 마력은 힘이 100분의 1 정도밖에 안 되지만, 얼음도 곱게 분쇄할 만큼 강력해요.

• 속도 조절 다이얼

재료를 얼마나 다지거나 써느냐에 따라 회전 속도와 작동 시간으로 조절할 수 있어요. 속도를 가장 낮게 설정하면 약한 전류가 흘러서 무디게 천천히 돌고, 가장 높게 설정하면 센 전류가 흘러서 모터가 강하고 빠르게 돌지요.

• 안전장치

푸드 프로세서는 용기 속이 감당하지 못할 만큼 고속으로 회전하기 때문에, 눈 깜짝할 사이에 사고가 나도 될 수 있어요. 그래서 용기 무엇이 빠질 소리가 나도록 꼭 단추지 않으면, 본체로 가는 전기를 차단해서 안전 스위치가 모터가 작동하지 않는답니다. 간단하지만 아래 기계가 작동하지 않는답니다. 간단하지만 강력한 안전장치예요.

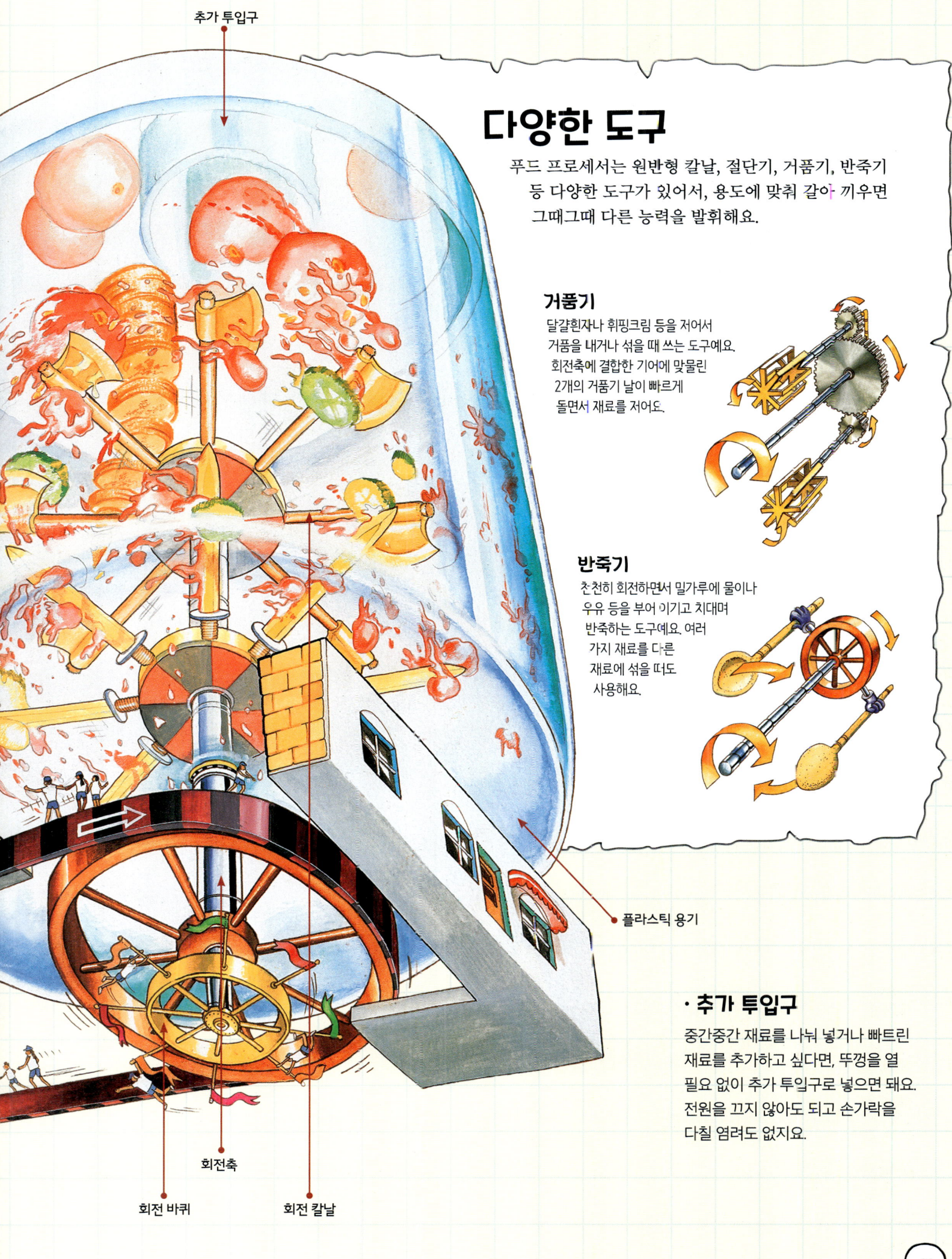

다양한 도구

푸드 프로세서는 원반형 칼날, 절단기, 거품기, 반죽기 등 다양한 도구가 있어서, 용도에 맞춰 갈아 끼우면 그때그때 다른 능력을 발휘해요.

거품기
달걀흰자나 휘핑크림 등을 저어서 거품을 내거나 섞을 때 쓰는 도구예요. 회전축에 결합한 기어에 맞물린 2개의 거품기 날이 빠르게 돌면서 재료를 저어요.

반죽기
천천히 회전하면서 밀가루에 물이나 우유 등을 부어 이기고 치대며 반죽하는 도구예요. 여러 가지 재료를 다른 재료에 섞을 때도 사용해요.

• 추가 투입구
중간중간 재료를 나눠 넣거나 빠트린 재료를 추가하고 싶다면, 뚜껑을 열 필요 없이 추가 투입구로 넣으면 돼요. 전원을 끄지 않아도 되고 손가락을 다칠 염려도 없지요.

추가 투입구 / 플라스틱 용기 / 회전축 / 회전 바퀴 / 회전 칼날

진공청소기

우리 눈에는 보이지 않지만, 공기 중에는 무수히 많은 먼지가 떠다녀요. 우리 옷에서 떨어진 섬유 부스러기나 피부에서 떨어진 각질도 먼지가 되지요. 그래서 매질만 청소를 하지 않으면, 먼지가 눈에 보일 정도로 쌓인답니다. 하지만 우리에게는 다행히 먼지를 없앨 좋은 도구가 있어요. 바로 바닥의 먼지를 쏴쏴 빨아들이는 진공청소기지요!

3. 빨려 들어간다!

팬이 회전하는 동시에 브러시가 바닥을 쓸면서 먼지를 공중으로 날려요. 먼지는 공기와 함께 흡입구를 통해 관을 타고 먼지 통으로 빨려 들어가요.

4. 빙글빙글 소용돌이

세찬 바람 때문에 먼지 통 안에 소용돌이가 일어나면서, 공기와 먼지가 분리돼요. 입자가 큰 먼지는 밑으로 가라앉고, 너무 가벼워서 분리되지 않은 먼지는 공기에 섞여 먼지 통 밖으로 빠져나가요.

5. 촘촘하게 거르기

하지만 마지막 관문인 필터가 아주 작은 먼지까지 놓치지 않고 걸러 내요. 그래서 결국 깨끗한 공기만 배기구를 통해 나오지요.

6. 먼지 통 비우기

진공청소기는 이처럼 공기가 순환하는 구조라서, 먼지 통에 먼지와 이물질이 쌓일수록 흡입력도 약해지고 집 안 공기도 나빠져요. 그러니까 때마다 먼지 통을 비우고 필터도 교체하는 게 아주 중요하답니다.

- 밀폐된 공간
- 케이스
- 먼지 관
- 전원 스위치
- 먼지는 가두고 공기만 미세한 구멍으로 통과시켜요.
- 촘촘한 필터가 공기 중에 떠다니는 미세 먼지까지 깨끗이 걸러요.

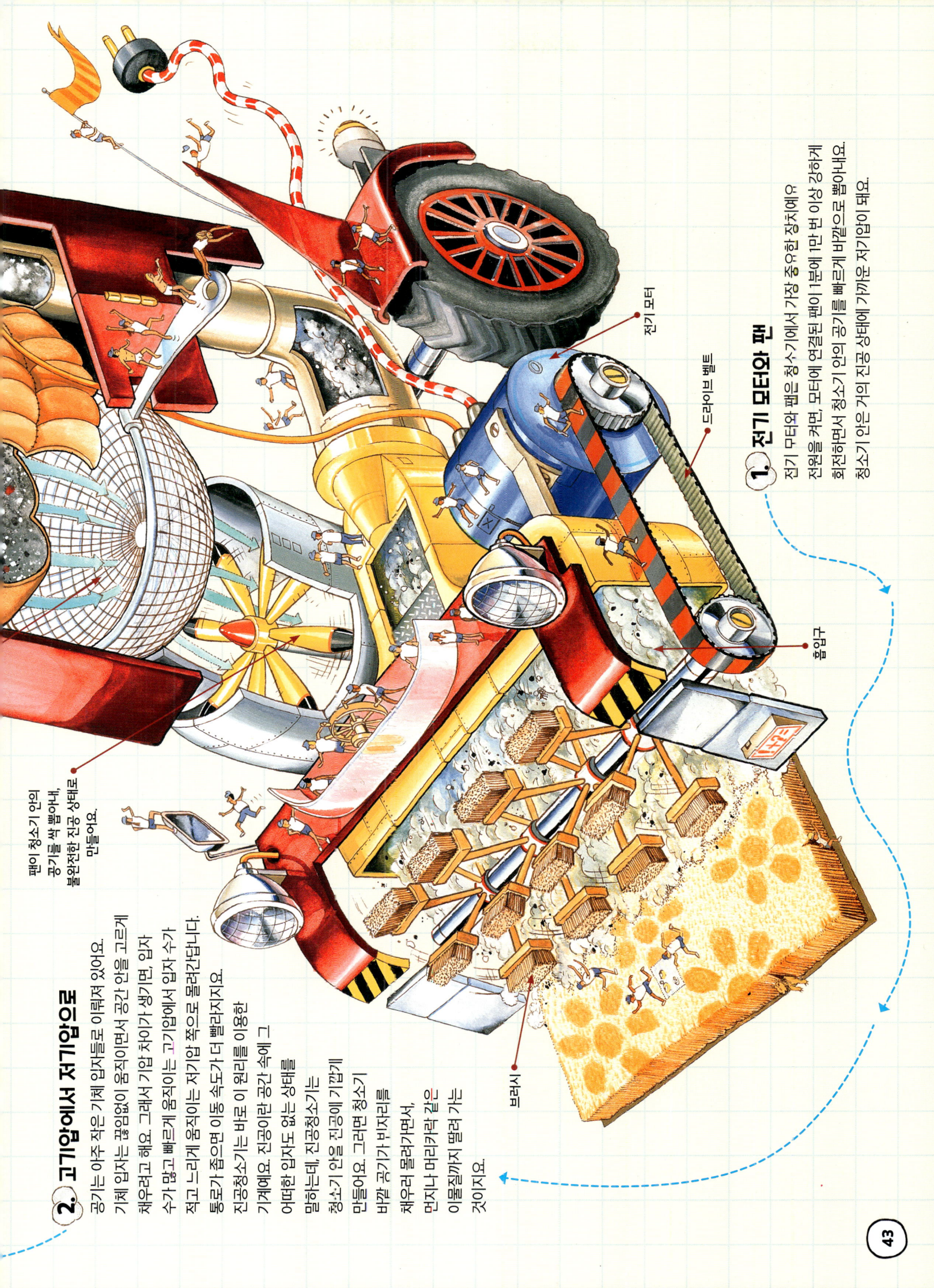

1. 전기 모터와 팬

전기 모터와 팬은 청소기에서 가장 중요한 장치예요. 전원을 켜면, 모터에 연결된 팬이 1분에 1만 번 이상 강하게 회전하면서 청소기 안의 공기를 빠르게 바깥으로 뽑아내요. 청소기 안은 거의 진공 상태에 가까운 저기압이 돼요.

2. 고기압에서 저기압으로

공기는 아주 작은 기체 입자들로 이뤄져 있어요. 기체 입자는 끊임없이 움직이면서 공간을 고르게 채우려고 해요. 그래서 기압 차이가 생기면, 입자 수가 많고 빼곡하게 움직이는 고기압에서 입자 수가 작고 느리게 움직이는 저기압 쪽으로 몰리지요. 통로가 좁으면 이동 속도가 더 빨라진답니다. 진공청소기는 바로 이 원리를 이용한 기계예요. 진공이란 공간 속에 어떠한 입자도 없는 상태를 말하는데, 진공청소기는 청소기 안을 진공에 가깝게 만들어요. 그러면 청소기 바깥 공기가 부스러기 채우러 몰려가면서, 먼지나 머리카락 같은 이물질까지 딸려 가는 것이지요.

- 팬이 청소기 안의 공기를 쏙 뽑아내, 불완전한 진공 상태로 만들어요.
- 전기 모터
- 드라이브 벨트
- 흡입구
- 브러시

43

재봉틀

재봉틀 안은 한꺼번에 많은 일을 처리하느라 정신없이 바쁜 공장과도 같아요. 축은 획획, 벨트는 윙윙 돌아가고 톱니는 위아래 양옆으로, 바늘은 위아래로 빠르게 움직이지요. 얼핏 보면 전부 제멋대로 움직이는 것 같지만, 사실은 작은 전기 모터에 의해 질서 정연하게 진행되는 작업이에요. 두 가닥의 실을 이용해, 눈 깜짝할 사이에 한 땀을 뜨고 다음 땀을 뜨러 천을 당기지요!

회전 운동과 왕복 운동

오늘날 재봉틀은 작은 전기 모터로 작동돼요. 모터가 축을 회전시키면, 축에 연결된 부품들이 바쁘게 위아래, 양옆으로 움직이면서 눈 깜짝할 사이에 바느질을 하지요. 재봉틀 속의 크랭크와 캠은 모터의 회전 운동을 왕복 직선 운동으로 바꾸는 아주 중요한 장치예요.

나사를 조이고 풀면서, 두 원반 사이에 통과시킨 실의 팽팽한 정도를 알맞게 조절해요.

크랭크

윗실

크랭크가 축에 전달된 회전 운동을 바늘의 위아래 운동으로 바꿔요.

두 갈래로 갈라진 노루발이 천을 눌러서 바느질이 잘되게 고정해 줘요.

밑실

밑실 실패

반달이 빙글빙글 돌면서 윗실과 밑실을 교차시켜요.

톱니 모양의 금속판이 위아래, 좌우로 움직이는 2개의 크랭크에 연결돼 있어요. 바늘이 위로 올라간 사이 천을 들어 올려서 앞으로 옮기고, 다시 원래 자리로 돌아와요.

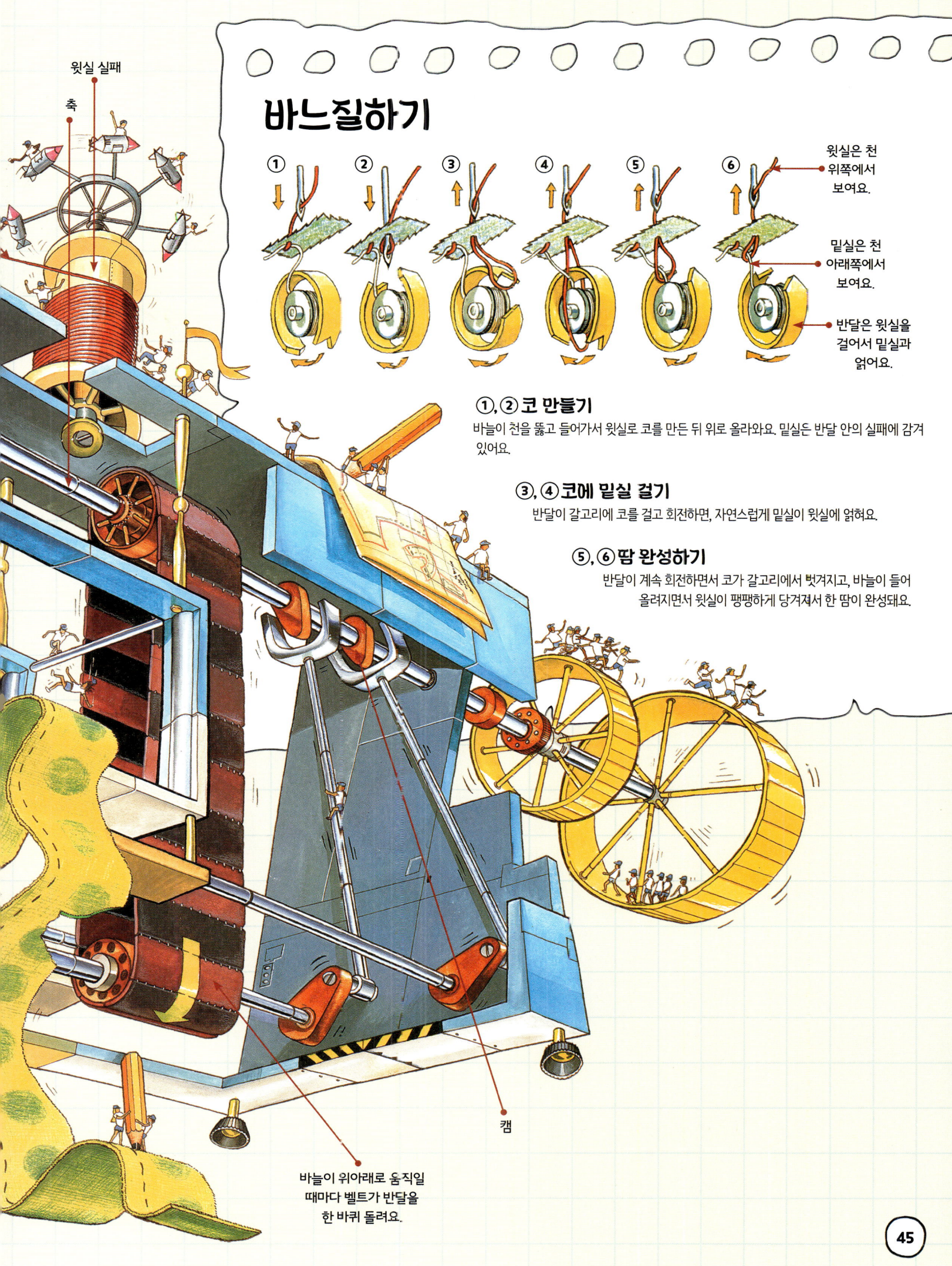

헤어드라이어

헤어드라이어는 젖은 머리카락을 말리거나 모양을 낼 때 쓰는 기구예요. 사용하기 편리한 만큼이나 구조나 원리도 간단해요. 드라이어 뒤쪽의 팬이 공기를 기계 안으로 밀어 넣으면, 열선이 공기를 데워서 뜨거운 바람으로 내보내는 것이지요! 하지만 이대로 끝내기에는 아쉬우니까, 조금 더 자세히 알아볼까요?

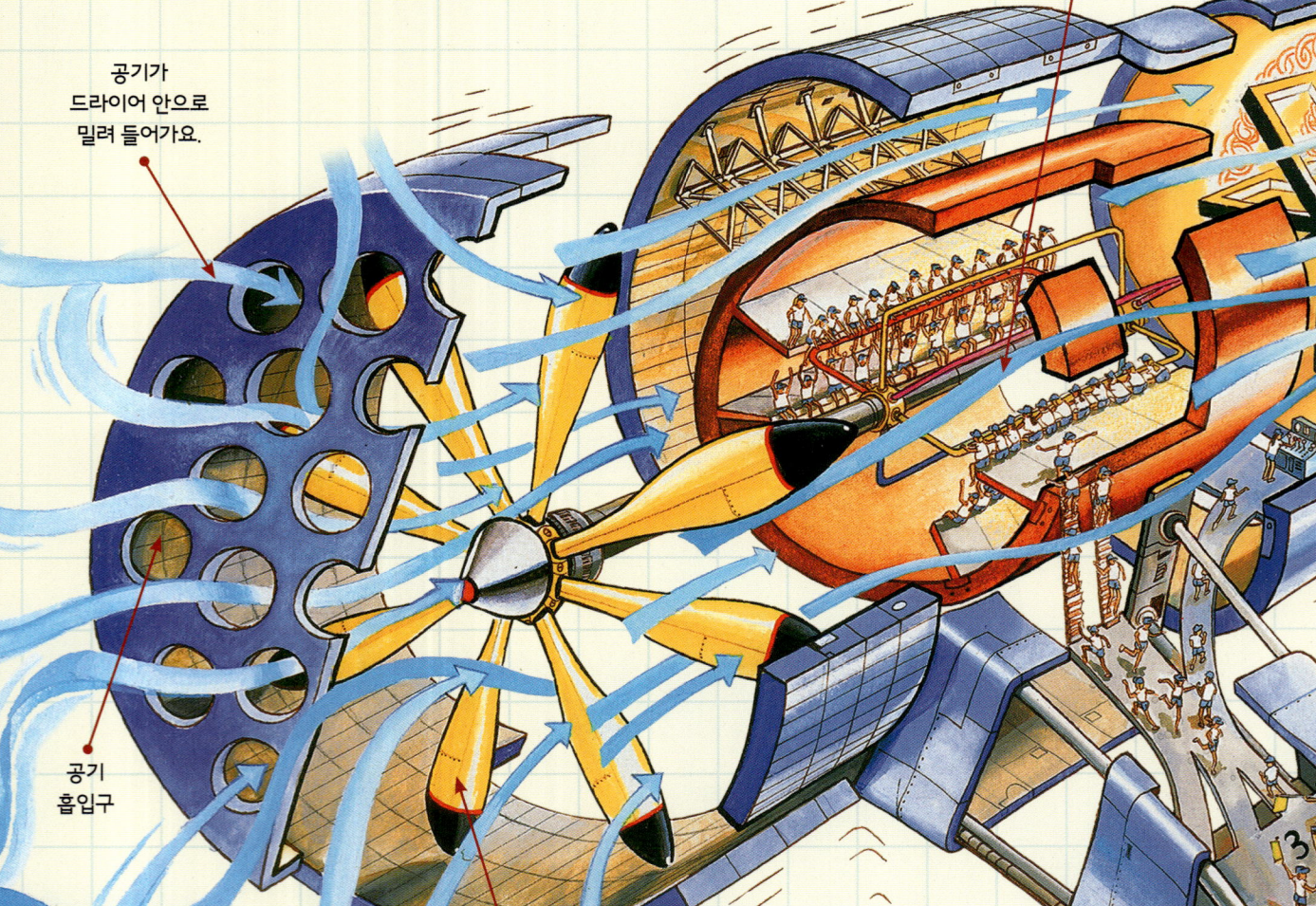

공기가 드라이어 안으로 밀려 들어가요.

공기 흡입구

드라이어를 쓸수록 모터가 뜨거워지지만, 끊임없이 들어오는 공기가 열을 식혀 줘요.

전기 모터의 전기 에너지가 열에너지로 바뀌어요.

전기 모터가 회전하면서 회전축에 연결된 팬도 함께 돌아가요.

1. 슬라이드 스위치
드라이어 손잡이에 기기를 작동시키고 바람의 온도와 세기를 조절할 수 있는 스위치가 있어요. 원하는 대로 설정하면, 전기 모터와 열선에 흐르는 전류의 세기가 결정돼요.

슬라이드 스위치

2. 밀려 들어가는 공기
스위치를 올리면, 모터가 회전하면서 드라이어 뒤쪽에 있는 팬이 빠르게 돌아요. 팬 날개는 보통 선풍기 날개처럼 살짝 기울어져 있어요. 그래서 선풍기와 똑같이 팬 뒤쪽의 공기를 반복해서 앞으로 밀어내요. 선풍기보다 날개 수가 많아서 바람을 더 세게 밀어내지요.

변기 수조

수세식 양변기는 우리 생활을 크게 바꾼 발명품 중 하나예요. 볼일을 본 뒤 손잡이만 내리면, 양변기 안쪽에서 물이 흘러나오면서 오물이 배수관으로 쓸려가고 다시 깨끗한 물이 차오르지요. 그런데 변기에는 놀랍게도 물을 끌어 올리거나 내보낼 수 있는 전기 모터나 펌프가 없어요. 그럼 변기는 어떻게 작동하는 걸까요? 정답은 '사이펀 현상'이에요.

부구는 공기가 가득 차 있어서 물에 둥둥 떠요.

1. 빨려 들어가는 물

변기 손잡이는 사이펀 벨 안의 피스톤(2개의 슬라이딩 디스크)과 연결돼 있어요. 우리가 볼일을 본 뒤 손잡이를 누르면, 손잡이와 연결된 막대가 디스크를 위로 확 들어 올려요. 그러면 벨 속의 물이 사이펀 관으로 밀려 들어가서 관 속을 가득 채우고, 그 즉시 수조의 물이 관으로 빨려 들어가서 양변기로 쏟아지지요.

액체를 옮기는 사이펀의 원리

그림을 보세요. 가운데에 U자를 엎어 놓은 것 같은 관이 보이죠? 그게 사이펀이에요. 사이펀은 한 다리는 길고 한 다리는 짧은 U자 모양의 관으로, 압력 차를 이용해 높은 곳에 있는 액체를 낮은 곳으로 옮길 수 있는 장치예요. 단, 이 장치가 제대로 작동하려면 관 속이 물로 가득 차 있어야 해요. 그러면 높은 수조의 물 표면이 압력에 눌렸을 때, 물이 관 속으로 확 밀려 들어가서 가장 높은 곳까지 올라갔다가 중력에 의해 낮은 수조로 떨어지지요. 이 현상은 높은 수조의 물 높이가 낮아져서 관 끝이 물 밖으로 드러날 때까지 계속돼요.

2. 양변기 쪽은?

수조에서 흘러내린 물과 함께 양변기의 오물이 배수관으로 빠져나가고, 빈 양변기에는 다시 물이 고여요. 물은 수조의 사이펀 관 끝이 공기 중에 드러나면 끊겨요.

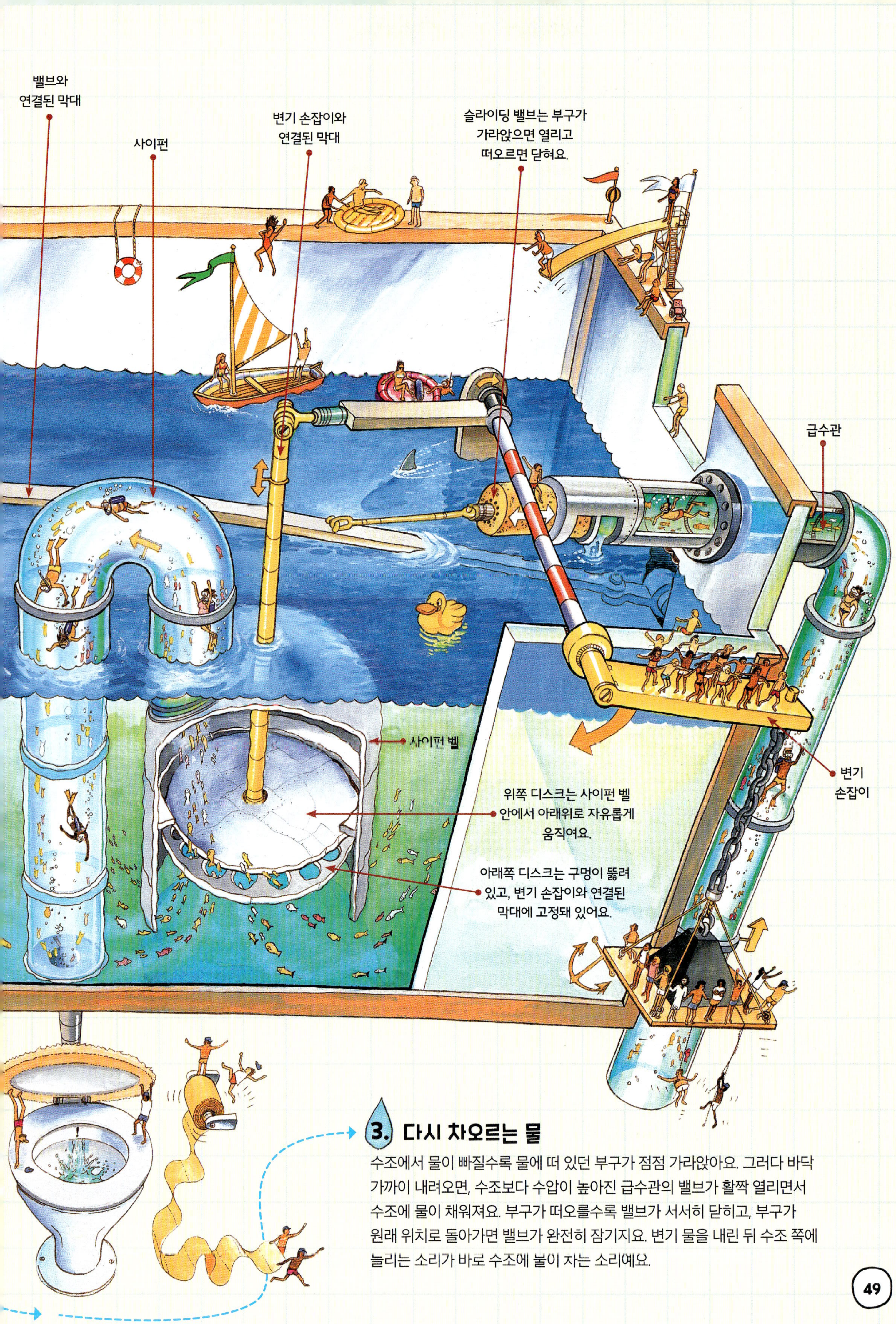

3. 다시 차오르는 물

수조에서 물이 빠질수록 물에 떠 있던 부구가 점점 기울어요. 그러다 바닥 가까이 내려오면, 수조로부터 수면이 높아진 급수관의 밸브가 활짝 열리면서 수조에 물이 채워지죠. 부구가 떠오를 때까지 밸브가 서서히 닫히다, 부구가 원래 위치로 돌아가면 밸브가 완전히 닫혀요. 변기 물을 내린 뒤 수조 쪽에 들리는 소리가 바로 수조에 물이 차는 소리예요.

스마트폰

2021년 기준으로 스마트폰 사용자 수가 39억 명이 넘었다고 해요. 전 세계 인구의 절반 이상이 스마트폰을 가지고 있다는 이야기죠. 그만큼 스마트폰은 우리 생활에 필수적인 도구가 됐어요. 이제 사람들은 스마트폰이 없는 세상은 상상도 못 할 거예요.

• 운영 체제 (OS)

스마트폰은 단순한 휴대폰이 아니라 작은 컴퓨터에 가까워요. 그래서 컴퓨터처럼 운영 체제라는 것이 있어야 작동할 수 있답니다. 운영 체제는 우리가 스마트폰의 기능을 쉽게 사용하도록 해주는 역할을 해요. 터치스크린 프로세서, 메모리 등의 모든 작업을 통제하고, 스마트폰에 설치된 수많은 애플리케이션(앱)이 매끄럽게 작동하게끔 도와요. 여러 운영 체제 중 안드로이드와 iOS가 가장 널리 쓰이는데, 운영 체제에 따라 스마트폰의 성격이 달라지기 때문에 앱도 각각에 맞춰 따로 개발해야 해요.

• 배터리

최초의 휴대폰은 배터리가 포함된 수신기를 가방처럼 옆구리에 끼고 다녀야 했어서 거의 쓸이 없게 되었지만. 배터리를 휴대폰 본체에 끼워 발전하면서 배터리를 휴대폰 본체에 끼워 쓸 수 있게 되었고, 사용 시간이 점점 더 늘어 교체용 배터리를 가지고 다녀야 했지요. 하지만 지금은 본체 안에 들어 있고, 몇 시간만 충전해도 하루 종일 쓸 수 있답니다.

• USB 충전 포트

USB 케이블을 꽂아서 스마트폰을 충전하거나, 저장된 사진, 동영상 등의 자료를 컴퓨터로 옮겨요.

· 카메라

· 메모리

앱을 다운받아 실행하고 사진이나 영상을 찍어 저장하려면 충분한 저장 공간이 필요해요. 저장 공간이 부족할 때는 인터넷 서버에 자료를 옮기거나 작은 스마트폰에 저장할 수 있는 외장 메모리 카드를 꽂을 수 있도록 마련해 있어요.

마이크로 SD 카드

· 애플리케이션 프로세서 (AP)

스마트폰의 성능을 결정짓는 핵심 부품으로, 사람으로 치면 두뇌에 비유되는 해요. 작은 칩 하나에 통신부터 스마트폰의 운영 체제를 구동시키고 여러 가지 시스템에 필요한 기능을 통합하고 있지요. 성능이 높을수록 작은 전력으로 여러 가지 일을 한꺼번에 빨리, 매끄럽게 처리할 수 있어요.

· SIM 카드

가입자의 정보를 확인할 수 있는 작은 카드예요. 이 카드만 꽂으면, 바로 통신사에 정보가 등록된 스마트폰으로 인터넷을 사용할 수 있지요. 안테나만 스마트폰에서 떨어져 있으면, 전원이 꺼진 스마트폰에서나 카드가 꺼내면, 전원이 꺼진 문자도 안 되고 인터넷도 쓸 수 없어요.

SIM 카드

· 터치스크린

앱에는 홈버튼 외에 아래쪽에 있는 작은 직사각형 모양의 전원을 겸하는 버튼을 빼고는 따로 버튼이 없어요. 하지만 지금은 손가락으로 화면을 터치하여 메시지를 보내고 게임도 하지요. 어떻게 우리의 손가락이 이동하는 것을 알까요? 터치스크린은 이루어져 있고, 우리 손끝에 부착된 전자가 미약한 대상으로 나오지요. 그러면 화면에서 손가락이 닿는 부분에 흐르는 전류에 변화가 생깁니다. 유리 표면에 센서가 이 위치를 감지하는 즉시 프로세서가 손가락을 터치한 지점을 알아내 사진을 찍는 등 우리가 원하는 것을 바로 반응하여 실행시켜 주지요.

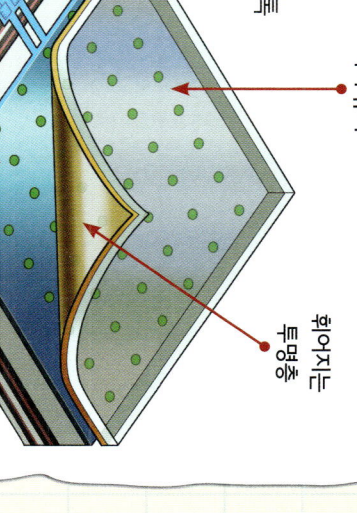

커버 유리
투명 전도층
(지우개 지우는)
투명한 절대층

3D 프린터

필요한 물건이 생길 때마다 가까이에 사러 가는 대신 집에서 직접 만들 수 있다고 상상해 보세요. 마치 마법사가 된 것 같지 않나요? 3D 프린터는 그런 마법 같은 일을 현실로 이루어 준답니다.

1. 2D? 3D?

2D, 3D의 D는 차원(dimension)을 의미해요. 가로, 세로 두 축으로 된 면은 2차원이고, 세로와 가로를 같은 평면에 있게 그려면 종이 위에 펼쳐 놓은 것처럼 하나의 2차원 평면 상에 놓인 것이지요. 우리가 살고 있는 움직이는 입체는 그림과 달리 높이(축), 좌우(x축)을 중심으로 놓이, 3차원 입체 형태의 물체를 만들어 내요. 프린터는 원래는 글자나 그림 인쇄하는 장치이지만, 3D 프린터는 3차원 형태로 물체를 만들어 내요.

2. 3D 모델링 하기

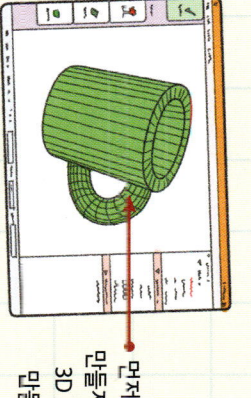

먼저 무엇을 만들지 정하고 3D 모델을 만들어요.

3D 프린터로 원하는 물건을 만들려면, 먼저 내가 생각한 모양을 3D로 구현할 수 있는 설계도를 준비해야 해요. 이것을 3D 모델링이라고 하지요. 3D CAD(캐드) 등의 프로그램으로 직접 설계하여 만들거나, 인터넷에서 파일을 무료로 구할 수도 있어요.

3. 얇게 쪼개기

3D 모델을 만들었다면, 이제 물체가 아주 얇은 층으로 쪼개고 프린터가 읽을 수 있는 파일로 변환해요. 이때 프린트 품질이 얇을수록 쪼개는 너비에 따라 프린트 품질이 달라져요, 많이

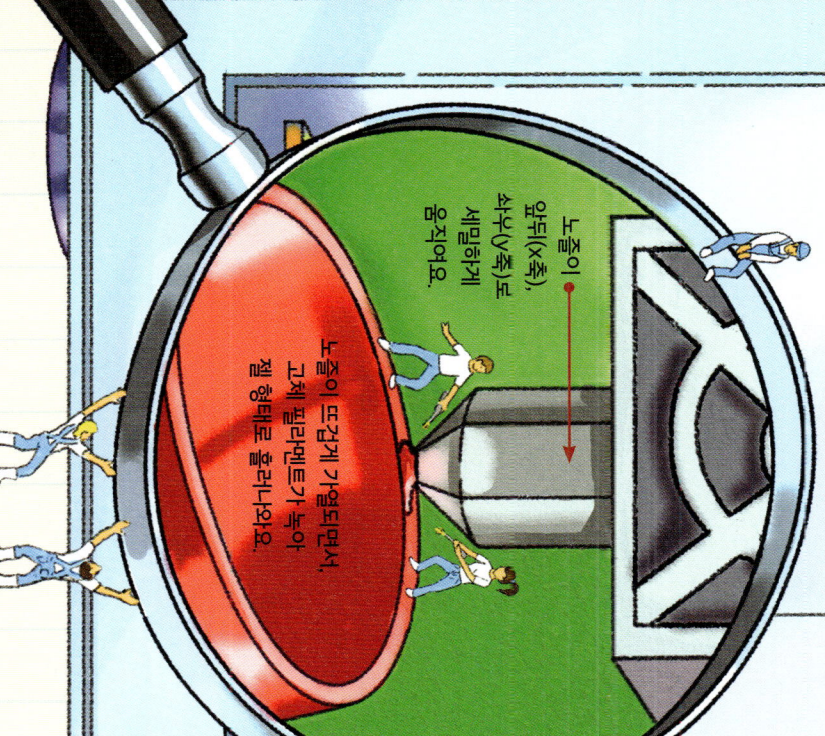

3D 모델을 가로 방향으로 얇게 잘라요.

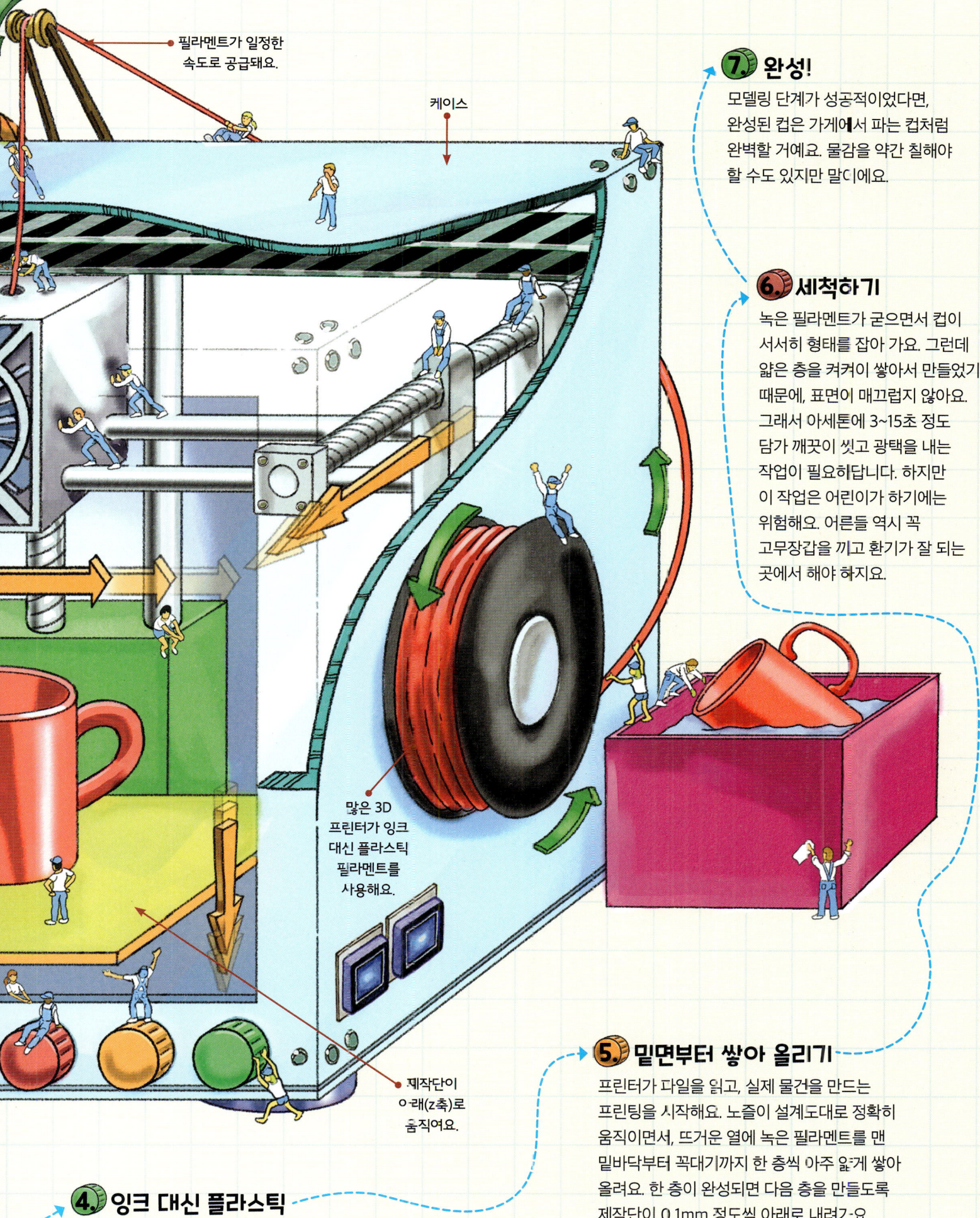

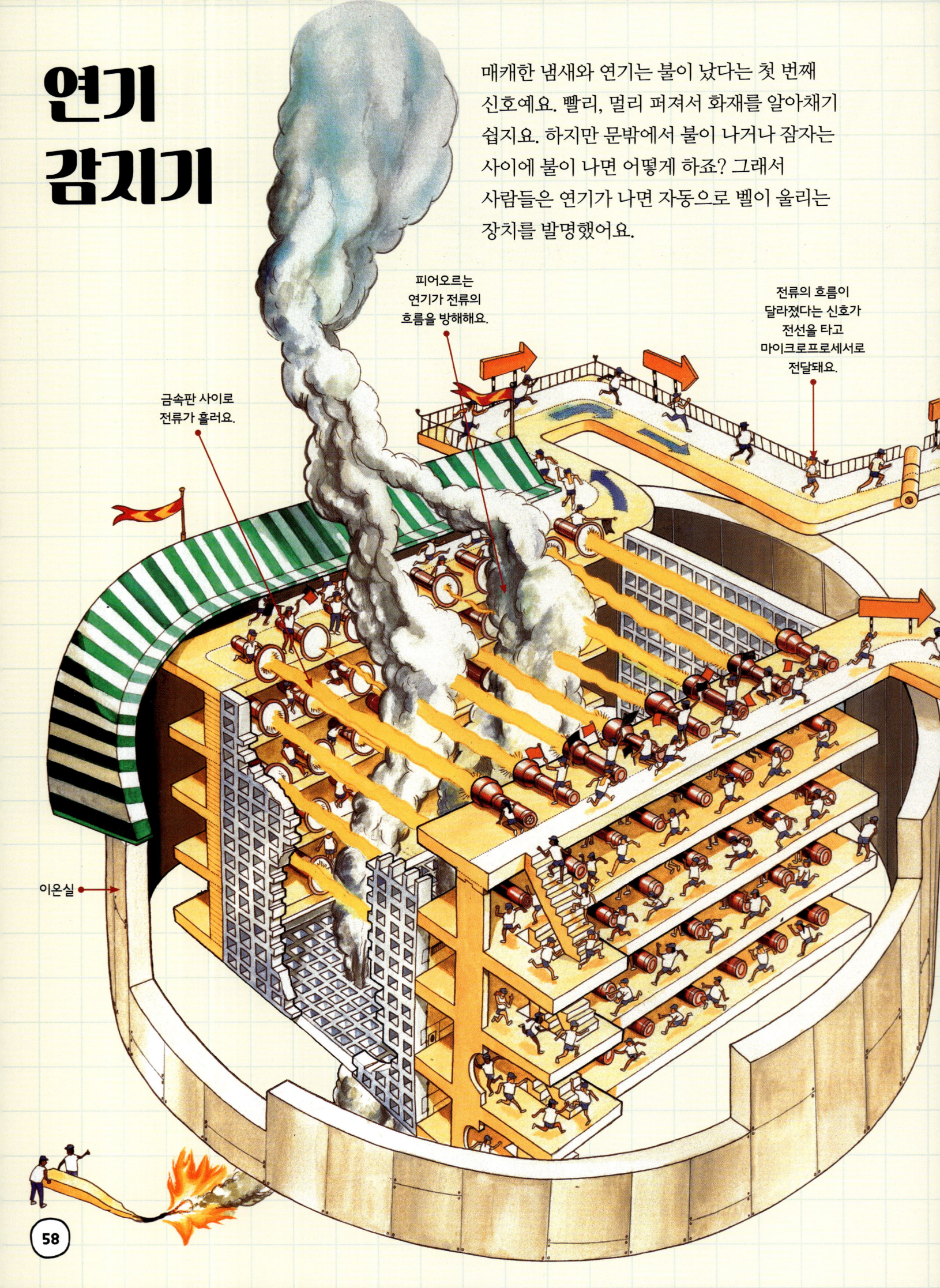

경보기

4. 불이야, 불!
경보기 속에는 얇은 금속판이 있어요. 전기 회로에 전류가 흐르는 순간, 금속판이 아주 빠르게 떨리면서 귀청이 떨어질 것 같은 날카롭고 시끄러운 소리가 나요. 불이야, 불이 났어요!

마이크로프로세서

3. 연기 감지!
아무 일이 없다면 전류는 꾸준히 흐르고 감지기도 변화가 없어요. 그런데 불이 나서 감지기 속에 연기가 들어오면, 연기 입자가 이온들을 끌어당겨서 양쪽의 금속판 더미로 이동하는 이온 수가 줄어요. 그러면 전류의 흐름을 감시하는 마이크로프로세서가 이 변화를 곧장 접수하고 경보기에 연결된 전기 회로의 스위치를 켜지요.

1. 이온실
감지기는 크게 연기를 감지하는 부분인 이온실과 알람을 울리는 경보기로 이루어져요. 이온실 안에는 층층이 쌓인 금속판 더미 2개가 2.5cm 정도 떨어져 있는데, 각 더미는 작은 배터리의 양극에 한쪽씩 연결돼 있어요.

2. 이온화하기
감지기에는 아주 적은 양의 방사성 물질이 들어 있어요. 2개의 금속판 더미 사이에 소량의 방사성 입자를 내보내면, 그 사이를 지나는 산소와 질소 원자에서 전자가 분리돼요. 그러면 원자는 전자, 그리고 전자를 잃고 양전하를 띤 이온으로 나뉘지요. 이 것을 이온화라고 해요. 그 결과 두 금속판 사이로 전자와 양이온이 이동하면서, 배터리에서 공급된 약한 전류가 금속판을 거쳐 공기 중에 흘러요.

태양 발전

태양은 스스로 엄청난 열과 빛 에너지를 내뿜어요. 그중 지구까지 닿는 것은 20억분의 1밖에 안 되는데, 한 시간 동안 지표면에 닿는 태양 에너지양이 전 세계가 1년 동안 쓰는 에너지양과 맞먹을 만큼 많답니다. 그래서 사람들은 태양의 열과 빛을 이용하는 방법을 연구했어요.

1. 태양 에너지 모으기
태양 에너지를 사용하려면 우선 재료를 모아야 해요. 햇볕이 가장 잘 드는 곳에 태양열을 모으는 집열판과 태양광(빛)을 모으는 태양 전지판을 설치해요. 둘은 얼핏 보면 비슷해 보이지만, 집열판은 여러 개의 기다란 관으로 이루어져 있어요.

2. 집열판과 순환 펌프
집열판은 집 내부의 물탱크와 기다란 관으로 연결돼 있는데, 관 속에는 열을 잘 흡수하고 내보내는 성질의 액체가 흘러요. 그래서 우리 몸속의 심장 같은 역할을 하는 순환 펌프가 필요하지요.

비나 눈이 오거나 구름이 많은 날은 충분한 열을 얻을 수 없기 때문에, 항상 온수를 쓸 수 있도록 보일러를 보조로 설치해요.

3. 물 데우기
순환 펌프가 액체를 밀어내면, 액체는 태양열로 뜨겁게 달궈진 집열판을 통과하면서 열을 얻고 물탱크로 내려와요. 그러고는 물에 열을 나눠 준 뒤, 다시 순환 펌프로 가서 똑같은 과정을 반복해요. 그 결과 물탱크의 물이 뜨겁게 데워져서, 욕실과 주방, 세탁실에서 따뜻한 물을 쓸 수 있게 되지요.

태양 전지판 / 집열판 / 물탱크 / 순환 펌프 / 온수를 이용한 난방 장치

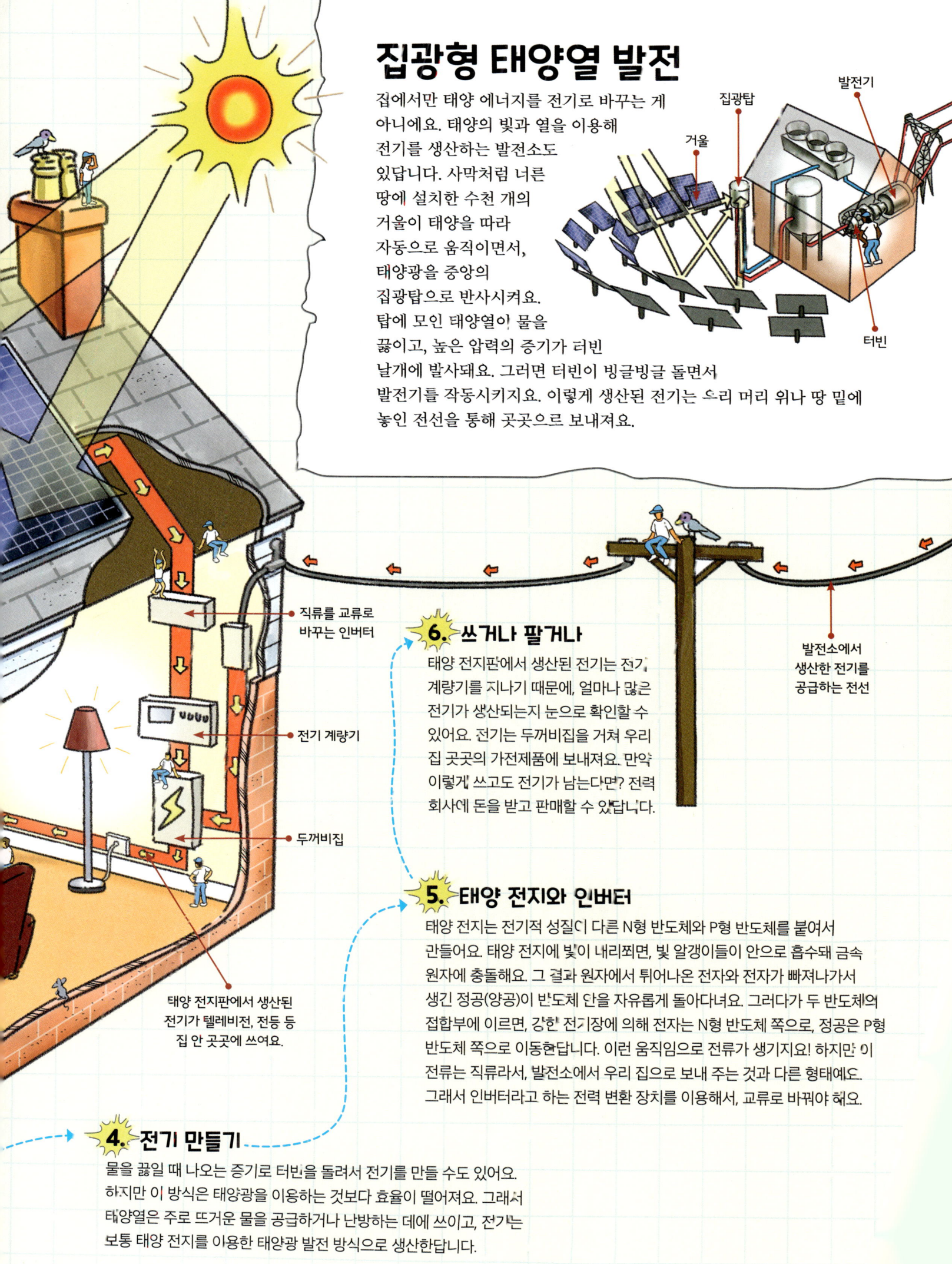

집광형 태양열 발전

집에서만 태양 에너지를 전기로 바꾸는 게 아니에요. 태양의 빛과 열을 이용해 전기를 생산하는 발전소도 있답니다. 사막처럼 너른 땅에 설치한 수천 개의 거울이 태양을 따라 자동으로 움직이면서, 태양광을 중앙의 집광탑으로 반사시켜요. 탑에 모인 태양열이 물을 끓이고, 높은 압력의 증기가 터빈 날개에 발사돼요. 그러면 터빈이 빙글빙글 돌면서 발전기를 작동시키지요. 이렇게 생산된 전기는 우리 머리 위나 땅 밑에 놓인 전선을 통해 곳곳으로 보내져요.

6. 쓰거나 팔거나

태양 전지판에서 생산된 전기는 전기 계량기를 지나기 때문에, 얼마나 많은 전기가 생산되는지 눈으로 확인할 수 있어요. 전기는 두꺼비집을 거쳐 우리 집 곳곳의 가전제품에 보내져요. 만약 이렇게 쓰고도 전기가 남는다면? 전력 회사에 돈을 받고 판매할 수 있답니다.

5. 태양 전지와 인버터

태양 전지는 전기적 성질이 다른 N형 반도체와 P형 반도체를 붙여서 만들어요. 태양 전지에 빛이 내리쬐면, 빛 알갱이들이 안으로 흡수돼 금속 원자에 충돌해요. 그 결과 원자에서 튀어나온 전자와 전자가 빠져나가서 생긴 정공(양공)이 반도체 안을 자유롭게 돌아다녀요. 그러다가 두 반도체의 접합부에 이르면, 강한 전기장에 의해 전자는 N형 반도체 쪽으로, 정공은 P형 반도체 쪽으로 이동한답니다. 이런 움직임으로 전류가 생기지요! 하지만 이 전류는 직류라서, 발전소에서 우리 집으로 보내 주는 것과 다른 형태예요. 그래서 인버터라고 하는 전력 변환 장치를 이용해서, 교류로 바꿔야 해요.

4. 전기 만들기

물을 끓일 때 나오는 증기로 터빈을 돌려서 전기를 만들 수도 있어요. 하지만 이 방식은 태양광을 이용하는 것보다 효율이 떨어져요. 그래서 태양열은 주로 뜨거운 물을 공급하거나 난방하는 데에 쓰이고, 전기는 보통 태양 전지를 이용한 태양광 발전 방식으로 생산한답니다.

일기 예보

내일 비가 올지 안 올지, 기온이 몇 도나 될지 궁금하다면, 일기 예보를 찾아보면 돼요. 그런데 일기 예보는 어떻게 미래의 날씨를 알려 주는 걸까요? 기상청에 미래를 다녀오는 타임머신이라도 있는 걸까요? 아니요, 그건 전 세계에서 수집한 기상 정보를 슈퍼컴퓨터가 분석하고 기상 예보관이 판단해서 예측하는 거랍니다.

레윈존데는 날씨와 관계없이 고층 기상을 관측할 수 있어요. 임무가 끝나면 풍선이 터지고 낙하산이 펼쳐져서 천천히 아래로 떨어져요.

구름은 비나 눈이 될 수 있는 아주 작은 물방울로 이루어져 있어요.

강우량
풍속과 풍향
습도
기온
무선 전송
기상 관측소
기상청

2. 고층 관측
정확한 일기 예보를 하려면 땅 위뿐만 아니라 하늘의 기상 상황도 파악해야 해요. 그래서 하루에 2~4회씩 레윈존데라고 하는 관측 장비를 하늘로 띄워요. 헬륨 가스가 든 풍선에 관측 기기를 매단 레윈존데는 지상 30km 이상 상공까지 올라가면서 고도별 기상 상태를 관측해 기상청으로 보내요.

1. 지상 관측
곳곳에 세워진 기상 관측소와 자동 기상 관측 장비가 기온이 어떻게 되는지, 공기가 얼마나 습한지, 바람의 방향과 속도가 어떤지, 비가 얼마나 내리는지, 눈이 얼마나 오는지, 기압이 얼마나 높은지 등을 관측해 기상청에 무선으로 전송해요.

로켓 발사

인공위성을 우주로 보내려면 쏘는 이가 아니에요. 인공위성은 로켓이 무게만도 남는데, 인공위성을 실어 내는 우주 발사체는, 그러니까 인공위성을 포함해 수백, 수천 톤이 나가기도, 그러니까 인공위성을 산화제까지 지구 밖으로 쏘아 올리는 정부터 성공해야 하지요.

1. 작용 반작용

엔진은 보통 작전 운동으로 하지만, 로켓 엔진이나 힘가드기 제트 엔진은 작용 반작용의 원리로 운동해요. 예를 들어 공기가 위에 수면 호스에서 있다고 상상해 보세요. 호스에서 강한 힘으로 뿜어져 나오는 순간 스케이트보드 위의 아이가 뒤쪽으로 밀려나가는 원리예요. 이게 바로 로켓과 풍선이 나아가는 원리예요. 로켓 안에서 일으키는 신화제가 가스 안으로 나아가는 방식도 분사구로 고속으로 고압 가스를 뿜어내는 원리로 움직여지지요.

2. 로켓 엔진과 연료

로켓이 가스를 분출하려면 엔진 안에서 연료를 폭발시켜야 해요. 그런데 엔진은 우주에서 타오르므로 할 산소가 없어요. 그래서 로켓은 항공기와 다르게 거대한 연료 탱크 외에도 풍선의 신화제를 가득 충전합니다. 로켓에는 부피가 크기 때문에 액화해서 넣어요.

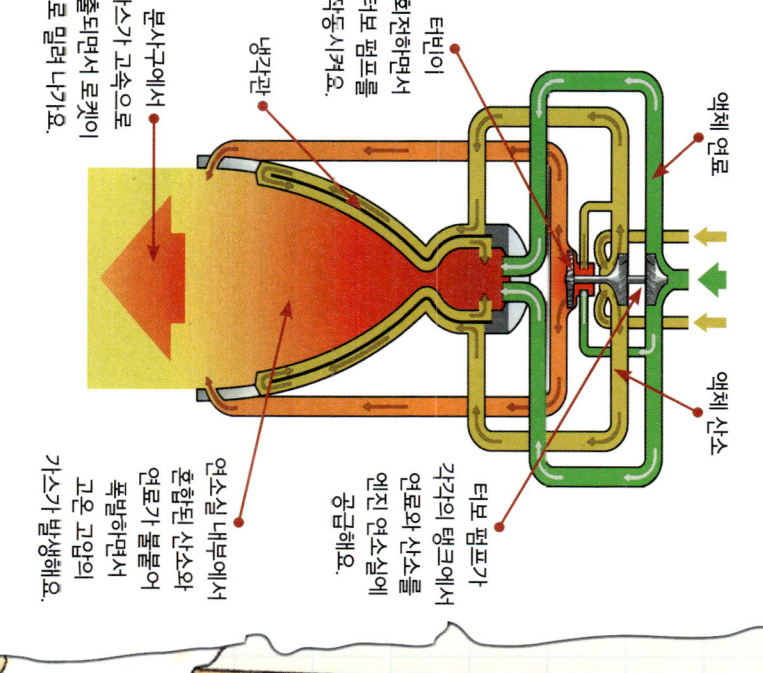

- 액체 연료
- 액체 산소
- 터빈 펌프가 각각의 탱크에서 연료와 산소를 엔진 연소실로 공급해요.
- 터빈이 회전하면서 터보 펌프를 작동시켜요.
- 냉각관
- 분사구에서 고속으로 불꽃 만든 가스가 뿜어져 나가요.
- 수소와 산소가 혼합되어 연료가 불꽃 열에너지를 내며 매우 뜨거운 가스가 발생해요.

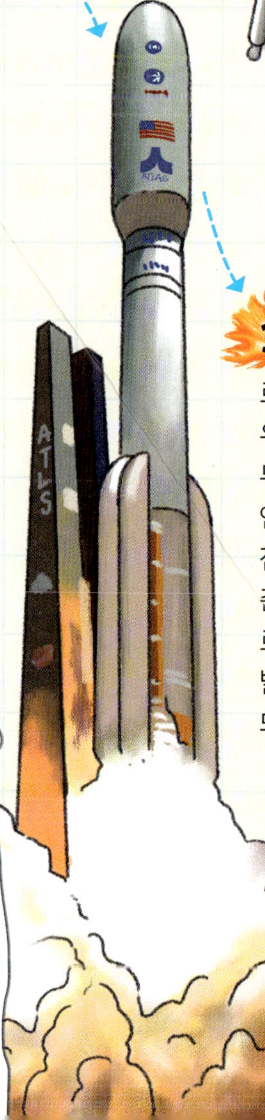

3. 로켓 발사

로켓 대부분은 거대한 발사대에서 우주로 보내져요. 발사대를 이용하는 두 가지 이유가 있어요. 첫째, 로켓이 스스로 설 수 있거나 로켓이 출발할 때까지 버팀대가 필요하지만 있어요. 둘째, 로켓은 발사 준비가 되기까지 버팀대가 필요하고 로켓이 소량의 특수 볼트로 발사대에 고정됩니다. 그리고 발사 준비가 완료되어 부싯돌이 풀과 로켓이 하늘로 올라가지요.

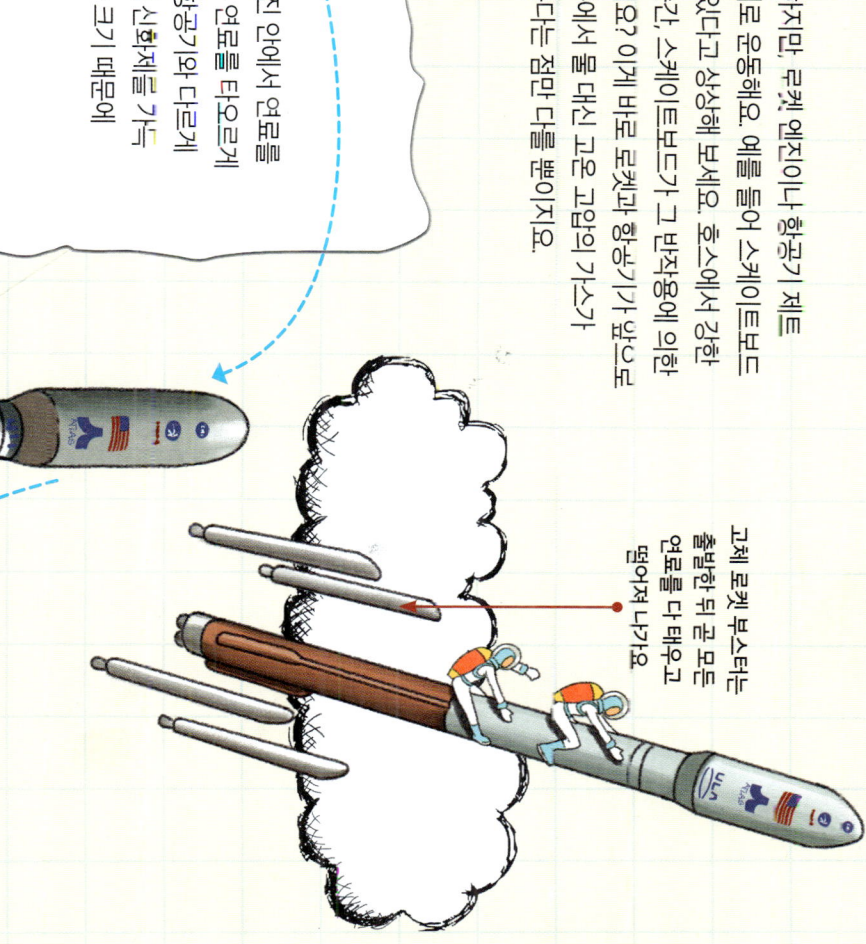

7. 잡았다!
안테나가 공중의 전파를 모아요. 땅 밑의 광케이블을 통해서 전파는 바로 우리 집 수신기에 전달돼요.

우주를 거쳐 온 전파는 정지위성 모양의 안테나 수신안테나

6. 우주에서 만나!
지구 반대편에서 오는 전파를 제대로 전달할 수 있는 중계탑이 없어도 지구에서 달처럼 거리가 멀거나 큰 공중으로 날아가는 방해가 있는 공간으로 날아갔다가 우주 정지위성을 통해서 지구로 되돌아요.

5. 받사!
전파는 거대한 안테나를 통해서 공중으로 퍼져 나가기도 하고, 설치된 광케이블을 타고 우리 집으로 보내지기도 한답니다.

9. 지, TV 봐자!
텔레비전 음향신호를 내브에서 스피커가 음성으로 바꾸고 내브에서 화면에서는 스피커가 음성으로 진짜 같은 작은 점들이 만들어 내는 수많은 개의 작은 움직이는 픽셀이라고 한 픽셀들이 모여 움직이고 픽셀 개수가 많을수록 정교하고 깨끗 생생하게 보여요.

8. 다시 0, 1!
전파는 다시 0과 1로 이루어진 디지털 신호로 바뀌고, 텔레비전이 신호를 받아서 분석해요.

인공위성

먼 옛날 사람들은 밤하늘의 달과 별을 보며 우주를 상상하고, 달과 별로 가서 우주를 탐험하고 싶어 했어요. 그리고 마침내 사람들은 지구 둘레를 돌면서 특수한 임무를 수행하는 인공위성을 만들었어요. 인공위성은 어떻게 만들고, 어떤 일을 하는지 알아볼까요?

임무에 따른 분류

지구 주위에는 1,000개가 넘는 인공위성이 제각기 다른 임무를 수행하고 있어요.

기상 위성
일정한 시간 간격으로 구름이나 태풍 등을 관측해 지구의 날씨를 살펴요.

군사 위성
다른 나라의 군사 정보나 사진을 찍거나 감시하는 등의 임무를 수행해요.

통신 위성
지상에서 보낸 전파를 증폭해 다른 지역으로 보내 주는 일을 해요.

방송 위성
지구 곳곳에 있지 않고 TV, 라디오 등을 송신하는 일을 해요.

지구 관측 위성
지구의 자원이나 여러 가지 환경 등을 관찰해 지구를 연구해요.

지구 자원 위성
지구 표면을 관찰하고 여러 가지 자원의 위치를 찾아요.

우주 관측 위성
우주 공간에서 천체를 관측하고, 해로운 방사선을 차단하는 에너지원으로 태양에너지를 이용해요.

인공위성이 만들어지는 과정

인공위성은 특수한 임무를 띠고 지구 둘레를 도는 물체로, 로켓에 실어 우주 공간으로 쏘아 올려요. 인공위성이 만들어지는 과정을 알아볼까요?

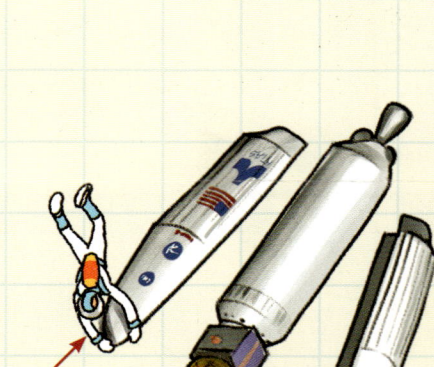

1. 페이로드 분리
인공위성이 우주 궤도에 진입하면, 로켓에 연결된 덮개인 페이로드가 분리돼요. 이제 인공위성은 독자적인 자기 힘으로 움직이고, 보호 덮개가 사라지면서 안테나 등이 펼쳐져요.

2. 탑재하게 걸친 이상
우주에 일단 진입한 인공위성은 안테나의 태양 전지판이 탑재해 있어 아직 제대로 작동할 수 없어요.

3. 태양 전지판 전개
인공위성의 모든 체계가 태양 전지판의 힘으로 작동할 수 있도록 전지판을 펼쳐요.

4. 안테나 펴기
인공위성이 태양열을 받아 온도가 200℃ 정도로 올라가는 등 우주 환경에 견딜 수 있어야 해요. 그리고 인공위성이 지구의 특정 장소를 바라보기 위해서는 지상으로 쏘아 올린 인공위성이 마침내 지구 둘레를 도는 과학자들이 원하는 위치에 이르러요.

궤도에 따른 분류

모든 인공위성은 자기만의 궤도를 따라 일정한 길을 따라 움직이고 있어요. 이 태양광의 궤도는 고도에 따라 지궤도, 중궤도, 정지궤도로 나뉘는데, 궤도에 따라 인공위성이 하는 일도 달라지지요.

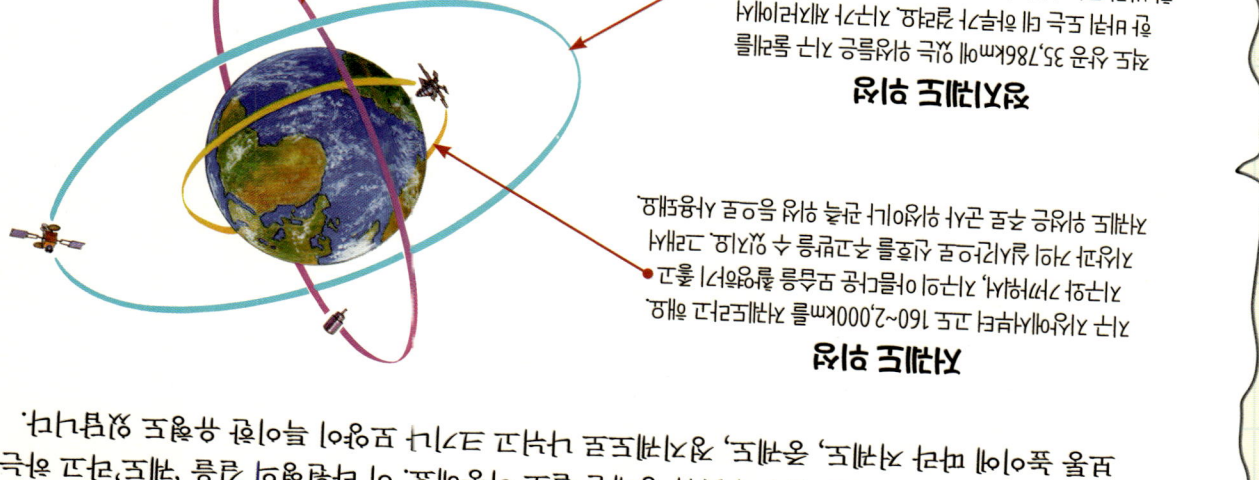

저궤도 위성
지구 상공에서 고도 160~2,000km를 지나는데요. 지구 사진촬영, 지구의 이동통신 등을 할 수 있어요. 지구 자기장의 분포도와 공간을 수집하는 인공위성 과학 등에 이용해요.

정지궤도 위성
지구 상공 35,786km에 있는 인공위성은 지구 둘레를 한 바퀴 도는데 하루가 걸려요. 지구가 자전하기까지 한 바퀴 도는 시간과 같지, 지구에서 보면 365일 계속 한자리에 멈춰 있는 것처럼 보이지요. 그래서 주로 통신, 기상, 방송 등에 이용해요.

중궤도 위성
저궤도보다는 높은 고도 궤도 상공, 높은 고도 위성보다 낮은 궤도를 돌아요. 그래서 지구 전체를 바라볼 수 있고, 지구 전체의 기상 상황 등을 살필 수 있어요. 그래서 기상 위성, 군사 위성에 사용해요.

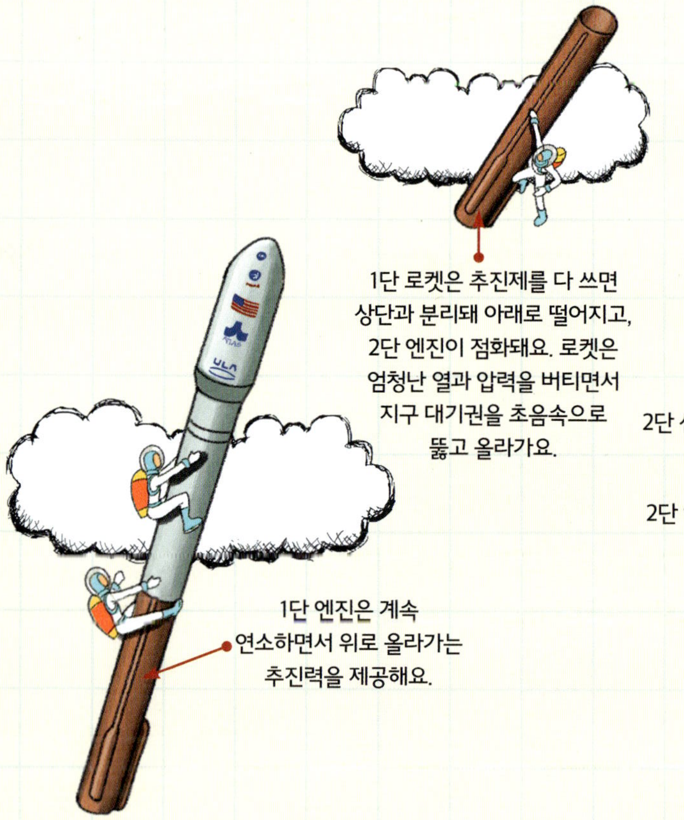

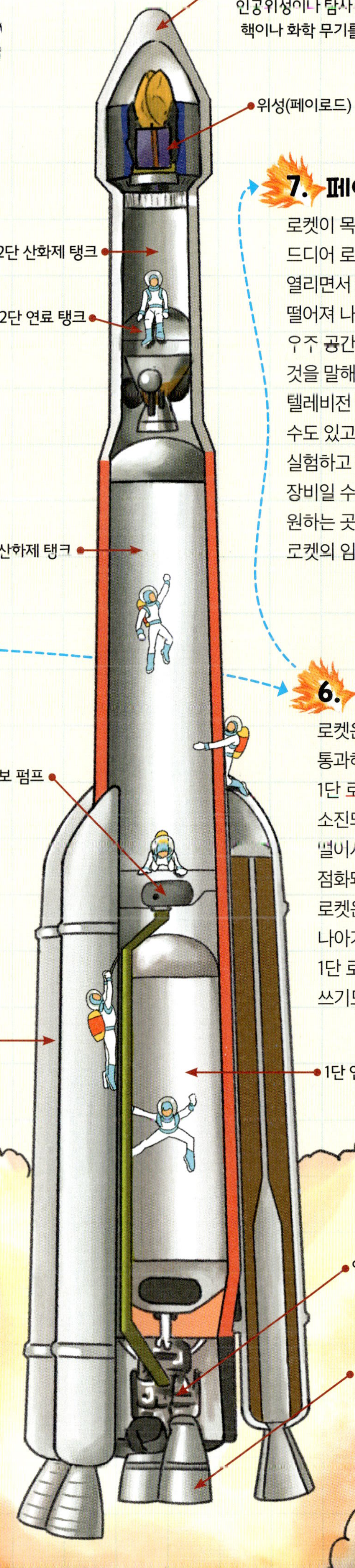

로켓

4. 고체 로켓 부스터
고체 로켓 부스터는 상태에서 출발하는 로켓에 발사에 필요한 보조 장치예요. 연료와 산소를 섞어서 주는 고체 추진제를 사용하는데, 액체 추진제보다 구조가 단순해요. 하지만 일정한 속도로만 타기 때문에 연료에 불을 붙인 뒤에는 추진력을 제어할 수 없답니다.

5. 1단 로켓
1단 로켓은 엔진과 분사실, 즉 연료와 산소가 담긴 액체 연료 탱크, 27개의 거대한 탱크로 실린 액체 연료가 연료 탱크가 펌프를 통해 엔진으로 공급되고, 분사실에서 엔진이 연소실에서 불꽃과 만나 폭발이 일어나요. 거대한 분사구에서 엄청난 속도로 가스가 분출되고, 그 반작용으로 추진력을 얻어요. 액체 추진제는 소규모 물리기로, 단위 시간에 대량의 연료가 공급되어 추진력을 조절할 수 있어요.

6. 2단 로켓
로켓이 빠른 속도로 대기권을 통과해요. 이 과정에서 1단 로켓의 추진제가 모두 타버리면, 단위 무게가 가벼워져서 로켓이 더 쉽게 가속해 지구를 떠나 진공의 우주로 나아가지요. 1단 로켓은 회수해서 다시 쓰기도 해요.

7. 페이로드
로켓이 목표로 궤도에 진입하면, 드디어 로켓 맨 앞부분의 탑재부가 열리면서 페이로드가 떨어져 나가요. 우주선 안에 실린 페이로드가 우주 공간으로 나가지요. 인공위성, 우주선, 페이로드는 텔레비전 방송을 보내는 위성일 수도 있고, 우주인이 탑승한 특수 장비일 수도 있지요. 실험하고 관찰하는 특수 현미실험도 있어요. 자외선 가능 현미를 실험한 곳에 실어보 우주 현미구조, 로켓의 임무는 끝이 나답니다.

1단 로켓 추진제를 다 쓰면 상단부 분리해서 아래로 떨어져요. 2단 엔진이 점화되고, 엔진은 얼마 안남은 추진제를 지구 대기권을 통과해서 위로 올라가요.

1단 엔진은 계속 연소하면서 위로 올라가는 추진력을 채워줘요.

- 2단 엔진실
- 2단 산화제 탱크
- 2단 연료 탱크
- 1단 산화제 탱크
- 1단 연료 탱크
- 엔진 연소실
- 분사구에서 시속 8,000~16,000km로 가스가 분출돼요.
- 터보 펌프
- 위성(페이로드)

로켓의 맨 앞부분의 탑재부에는 우주선이나 인공위성이 탐지사실 실어요 우주 발사체, 탄두나 화학 무기를 실으면 미사일이 돼요.

자동차

자동차는 우리 주변 어디에나 있어요. 원한다면 하루에 수백 대도 구경할 수 있죠. 그런데 자동차가 이런 기술차의 후예가 된다고 생각해 본 적 있나요? 1800년대 후반에 등장해 자동차는 오늘날 사랑받는 기계가 된 자동차의 속을 역사상 가장 인기 있는 사랑받는 기계가 된 자동차의 속을 들여다봐요!

1. 구동 방식
자동차가 공간에 있는 바퀴를 구동축이라고 해요. 엔진이 안에 있는데 어떤 바퀴에 힘을 보내는지에 따라 추진력을 나누는데, 크게 앞쪽에 힘을 주는 엔진이 차체 앞쪽에 놓여 있고 긴 속도로 갖는 엔진이 차체 앞에 놓여 있고 보내는 구동축입니다. 이것을 앞 엔진 앞바퀴로 구동 모든 후륜 구동이랍니다. 이것을 장점이 있지요. 그런 이제 자동차의 차체 무게가 앞바퀴에 구동 고정이 있지요. 그럼 이제 자동차의 시작부터 엔진부터 살펴볼까요?

2. 엔진
엔진은 자동차의 심장이에요. 공기와 연료가 섞인 실린더 안에 작은 폭발을 일으켜서, 그 힘으로 자동차를 움직이지요. 크랭크축을 돌려 바퀴에 연결되고 바퀴를 가져 돌려서 바퀴에서는 실린더(기통)가 4개인 4기통에 돈답니다. 쓰는 것은 4통 가솔린 엔진이고, 기솔린(휘발유)을 연료로 사용하고 실린더(기통)가 4개이라는 돈이에요.

3. 피스톤과 크랭크축
실린더 안에서 수평 받아 위아래로 움직이는 것이 피스톤이 연료가 섞인 실린더 안에 공기와 연료가 섞여 움직임을 이용해요. 그리고 피스톤을 움직임은 크랭크축을 돌려 움직임이지요, 그 힘으로 자동차를 움직이는 크랭크축에서는 실린더(기통)가 4개인 4기통이라고 돈답니다.

4. 클러치와 변속기
클러치는 엔진과 바퀴를 연결하는 장치이지요. 또 변속기는 클러치와 바퀴 사이에 있어요. 자동차의 엔진과 바퀴가 없어졌지만, 장치예요. 자동차가 운전자가 엑셀을 움직임을 변속기는 바퀴의 운전자에 따라 엔진의 힘을 속도를 조절해야 했듯이, 요즘 속도 자동 변속기가 자동차가 클러치와 페달을 조작해야 했는데, 요즘 속도 자동 변속기가 자동차로 조작해 줘요.

5. 구동축과 차동 기어
구동축은 자동 기어를 통해 힘을 양쪽 구동축과 결합돼, 엔진의 힘을 뒷바퀴에 전달해요. 그런데 차가 커버를 돌 때, 안쪽에 바깥쪽 바퀴의 많이 움직이지요. 카브 길을 돌 때, 안쪽에 같이 움직이지 않을 수 있지요? 이 둠직이을 차동 기어 장치가 부드럽게 상쇄해 주는 역할을 해요. 이야기를 해결해 주는 덕분에 바퀴들의 속도를 다르게 조절해, 차가 안정적으로 움직이게 해요.

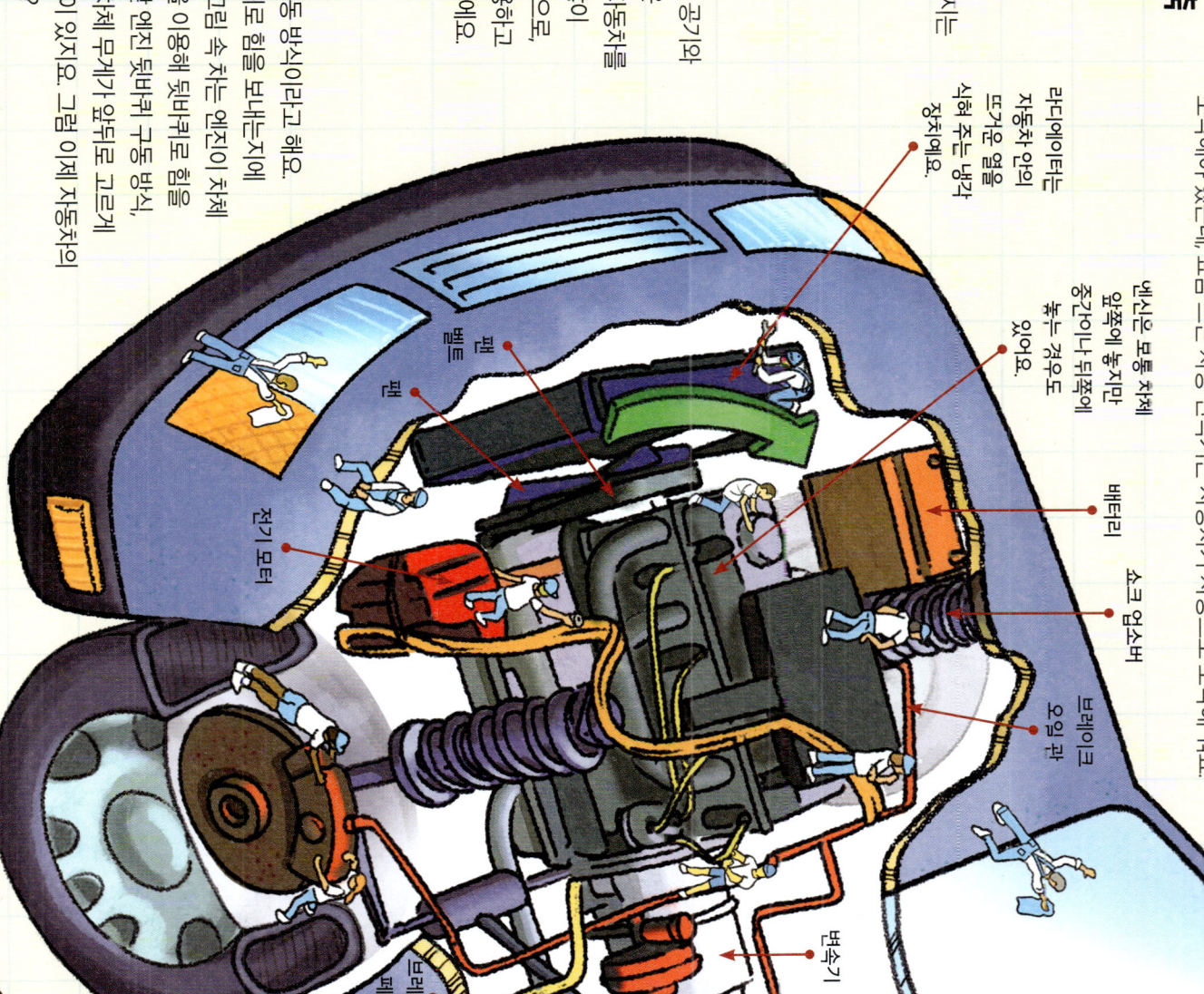

- 라디에이터 자동차 안의 뜨거운 공기를 식혀 주는 장치예요.
- 냉난방 모든 차체
- 앞쪽에 뒷쪽은 중간이나 뒤쪽에 있어요.
- 변속기 엔진의 힘을 받아 바퀴에 속도 조절 장치
- 배터리
- 쇼크 업소버
- 오일 팬
- 브레이크
- 전기 모터
- 팬
- 펌프
- 변속기
- 기솔린
- 브레이크 페달

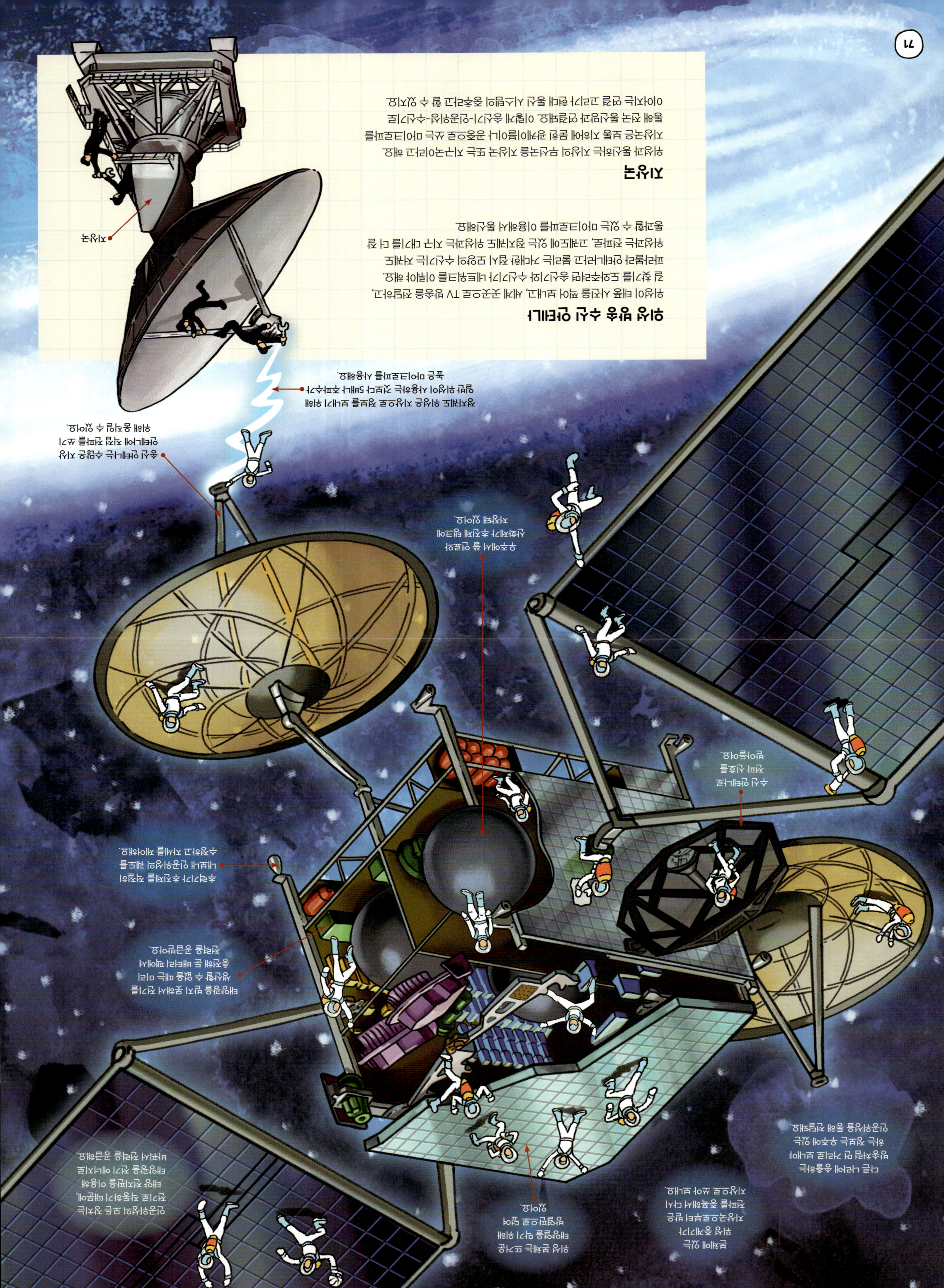

6. 전기 모터와 배터리

일반 자동차는 엔진으로, 전기차는 전기 모터로 움직여요. 그런데 엔진과 전기 모터를 함께 사용하는 자동차도 있어요. 바로 하이브리드 카예요. 하이브리드 카는 어느 정도 속도까지는 모터만으로 움직이다가, 속도를 높이거나 오르막길을 오르는 등 큰 힘이 필요할 때는 자동으로 엔진을 켜요. 그리고 일정한 속도로 달리거나 속도를 줄이면, 자연스럽게 엔진을 끄고 모터의 힘을 사용하지요. 이때 운동 에너지가 전기 에너지로 바뀌면서 배터리가 충전되는데, 전기차처럼 외부 전원을 연결해서 충전할 수 있는 종류도 있어요.

7. 촉매 변환기와 소음기

엔진에서 연료를 태우면 탄화수소, 일산화탄소 등 우리 몸에 해로운 물질이 든 배기 가스가 생겨요. 그래서 이 물질들을 해롭지 않은 물질로 바꿔서 내보내야 하지요. 이 임무를 담당하는 게 촉매 변환기예요. 엔진에서 나와 촉매 변환기를 거친 배기 가스는 소음기에서 소음을 줄여 배기관으로 배출돼요.

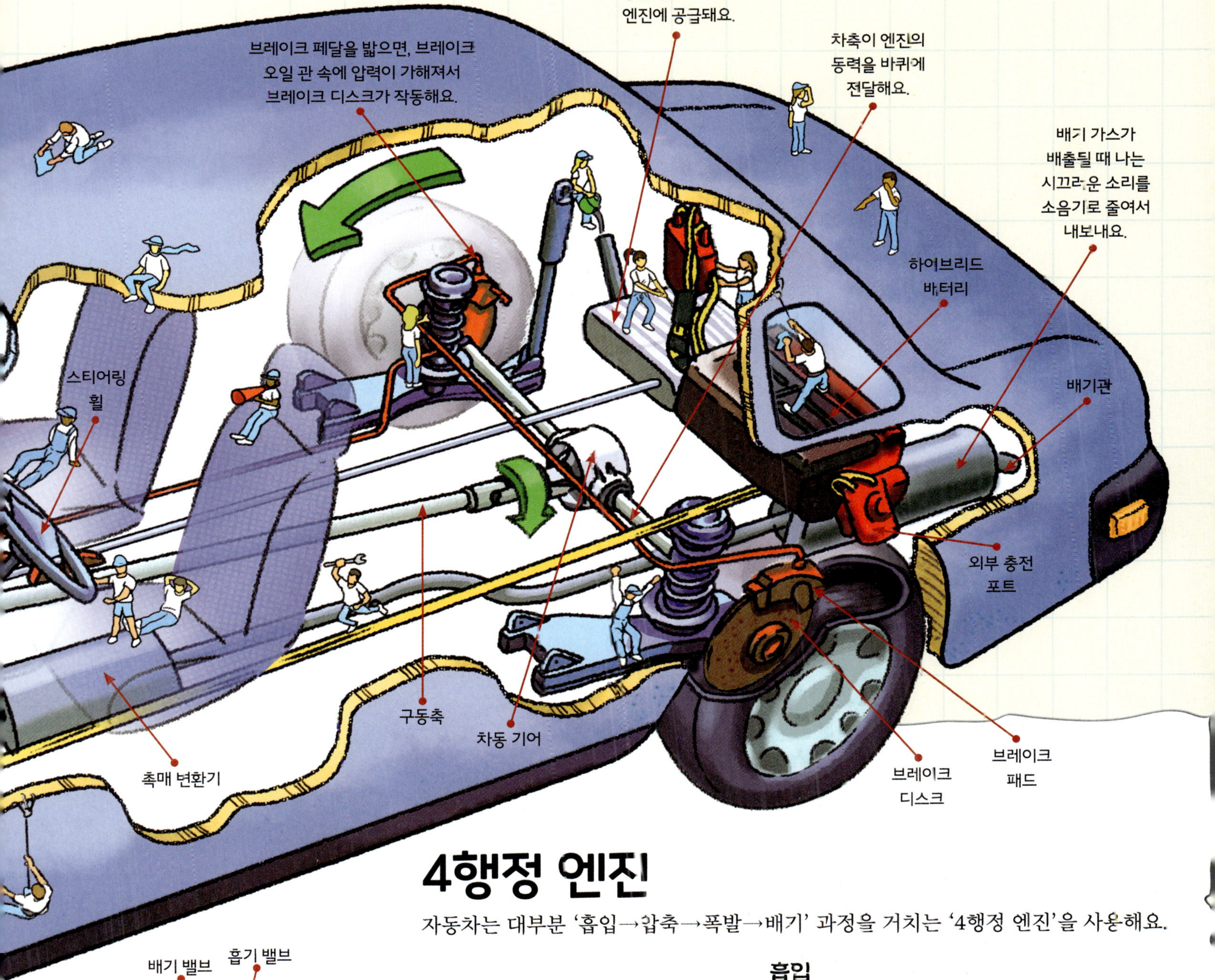

연료 탱크에 저장된 연료는 공급 펌프에 의해 엔진에 공급돼요.

브레이크 페달을 밟으면, 브레이크 오일 관 속에 압력이 가해져서 브레이크 디스크가 작동해요.

차축이 엔진의 동력을 바퀴에 전달해요.

배기 가스가 배출될 때 나는 시끄러운 소리를 소음기로 줄여서 내보내요.

스티어링 휠
하이브리드 배터리
배기관
외부 충전 포트
구동축
차동 기어
촉매 변환기
브레이크 디스크
브레이크 패드

4행정 엔진

자동차는 대부분 '흡입→압축→폭발→배기' 과정을 거치는 '4행정 엔진'을 사용해요.

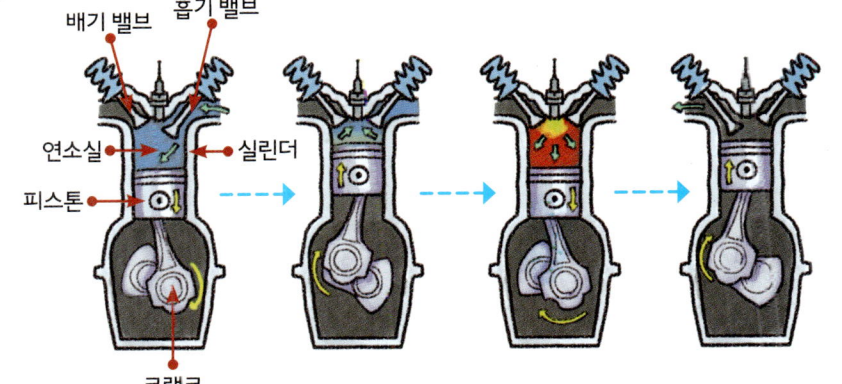

배기 밸브, 흡기 밸브, 연소실, 실린더, 피스톤, 크랭크

흡입
흡기 밸브가 열리고 피스톤이 내려가면서 공기와 연료 혼합물이 채워져요.

압축
흡기 밸브가 닫히고 피스톤이 위로 올라와 혼합물을 압축해요.

폭발
불꽃이 튀어 작은 폭발이 일어나면서 피스톤이 다시 내려가요.

배기
배기 밸브가 열리고 연소 가스가 배출돼요. 피스톤이 다시 올라와 처음부터 반복돼요.

제트기

제트기는 제트 엔진을 사용한 비행기예요. 그런데 비행기 중에는 날개폭이 거의 축구장 길이만 한 것도 있고 무게가 500t이 넘는 것도 있어요. 이렇게 거대하고 무거운 비행기가 어떻게 하늘을 나는 걸까요? 정답은 '공기의 흐름'을 이용하는 특별한 구조에 있어요!

④ 운항 거리를 늘리는 윙릿

주날개 끝의 위로 구부러진 부분을 윙릿이라고 해요. 비행기가 하늘을 날면 긴 날개 끝에 공기 소용돌이가 생겨요. 그러면 비행기를 띄우는 양력은 줄고, 앞으로 나아가는 것을 방해하는 '항력'이 생긴답니다. 윙릿은 이 소용돌이를 위로 분산시켜서, 항력을 낮추고 양력을 높이는 역할을 해요. 덕분에 같은 연료로 더 멀리 날 수 있지요.

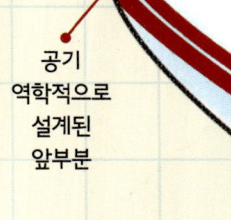
공기 역학적으로 설계된 앞부분

③ 공기 저항을 줄이는 구조

비행기는 이륙할 때부터 착륙할 때까지 거센 공기의 힘과 맞부딪치며 움직여요. 그래서 비행기는 공기의 저항을 최대한 줄일 수 있는 구조로 설계되지요. 특히 비행기 앞부분은 공기를 쉽게 가르고 앞으로 나아갈 수 있도록 좁은 원뿔 모양으로 생겼어요.

주날개 · 윙릿 · 플랩

· 공기 흐름이 빠르면 기압이 높아져요.

· 공기 흐름이 느리면 기압이 낮아져요.

② 양력을 만드는 주날개

비행기 날개는 윗면은 약간 볼록하고 아랫면은 평평하게 생겼어요. 그래서 비행기가 움직이면, 날개 위쪽을 흐르는 공기가 아래쪽을 흐르는 공기와 만나려고 더 빨리 흘러요. 이로 인해 날개 위쪽과 아래쪽에 기압의 차이가 생겨서, 밑에서 위로 들어 올리는 힘이 생기지요. 이렇게 비행기가 하늘에 떠 있게 하는 힘을 '양력'이라고 해요.

⑤ 양력을 조절하는 플랩

플랩은 날개 모양을 바꿔서 양력을 만드는 능력을 높이는 장치예요. 예를 들어 착륙하려고 엔진의 추진력을 낮추면, 속도가 줄면서 양력이 낮아져서 비행기가 떨어질 수 있어요. 하지만 플랩을 아래로 펼치면, 높아지는 항력 때문에 속도는 줄지만 이전과 같은 양력이 생겨서 천천히 안전하게 착륙할 수 있지요. 그래서 조종사는 날개 뒤쪽에 붙은 플랩을 조작해서 비행기의 방향과 고도를 조종해요.

⑥ 안정성을 주는 꼬리 날개

꼬리 날개는 주날개에 비해 크기는 매우 작지만 중요한 역할을 해요. 바로 비행기가 안정적으로 날게 하는 거예요. 수평 꼬리 날개는 비행기 앞부분이 들리거나 눌리는 움직임을 제어해서, 비행기가 빙그르르 돌지 않게 해요. 그리고 수직 꼬리 날개는 동체가 좌우로 회전하는 움직임을 제어해서, 강한 바람에 밀려 비행기가 바라보는 방향이 비틀어져도 원래 방향으로 돌아오게 하지요.

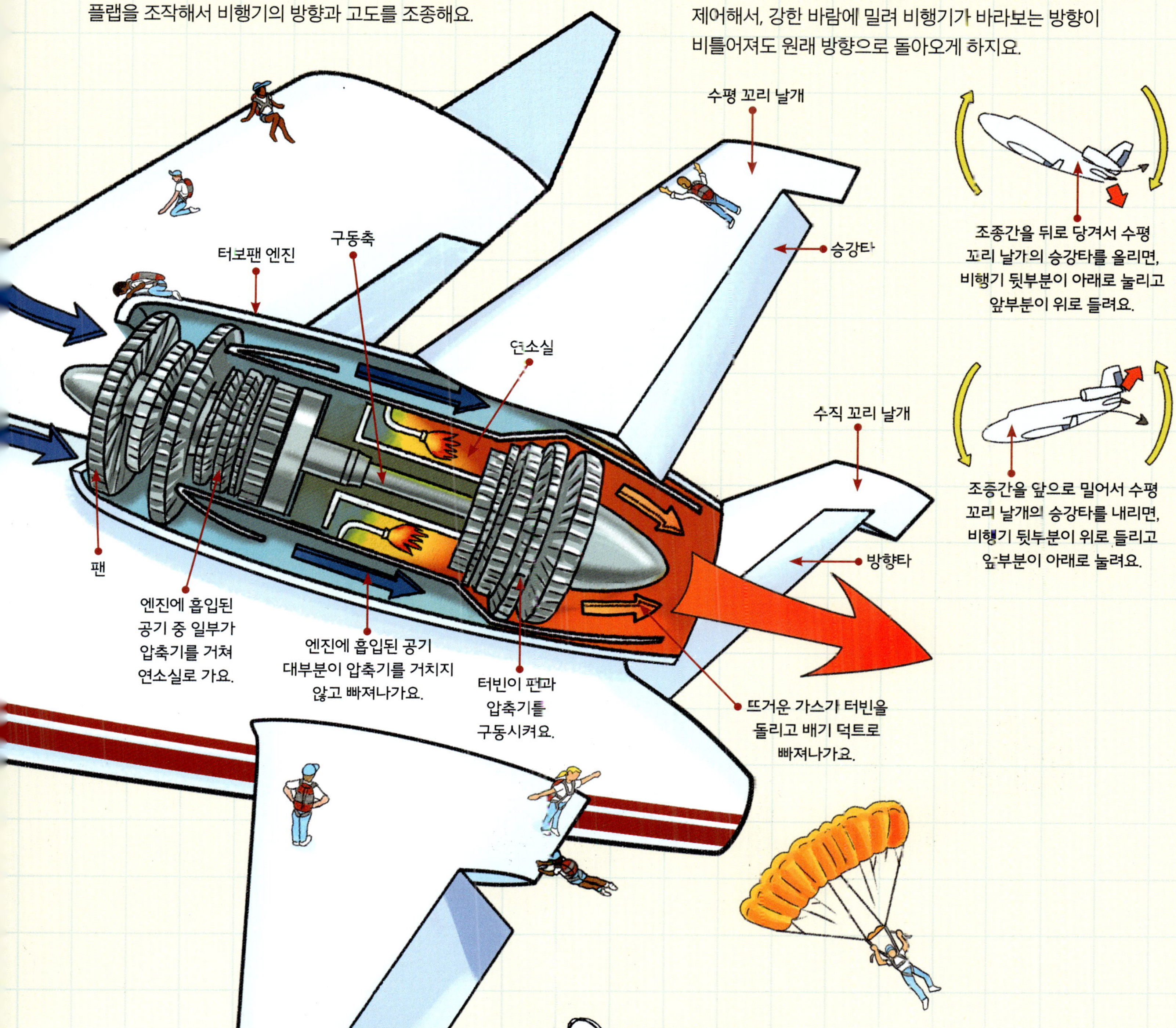

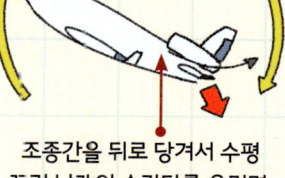

조종간을 뒤로 당겨서 수평 꼬리 날개의 승강타를 올리면, 비행기 뒷부분이 아래로 눌리고 앞부분이 위로 들려요.

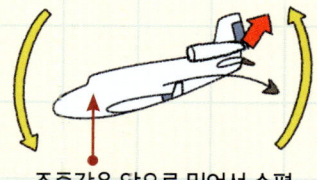

조종간을 앞으로 밀어서 수평 꼬리 날개의 승강타를 내리면, 비행기 뒷부분이 위로 들리고 앞부분이 아래로 눌려요.

수평 꼬리 날개
승강타
수직 꼬리 날개
방향타

터보팬 엔진
구동축
연소실
팬

엔진에 흡입된 공기 중 일부가 압축기를 거쳐 연소실로 가요.

엔진에 흡입된 공기 대부분이 압축기를 거치지 않고 빠져나가요.

터빈이 팬과 압축기를 구동시켜요.

뜨거운 가스가 터빈을 돌리고 배기 덕트로 빠져나가요.

① 터보팬 엔진

제트 엔진도 자동차 엔진과 같은 4행정 기관이에요. 그림 속 비행기는 제트 엔진의 한 종류인 터보팬 엔진을 장착했어요. 앞부분에 있는 거대한 팬이 공기를 빨아들이면, 대부분은 옆길로 흘러나가고 일부만 압축기를 거쳐 연소실로 들어가요. 그 결과, 옆길로 나간 공기와 배기 덕트에서 힘차게 발사된 가스에 대한 반작용으로 비행기가 앞으로 나아가지요. 그래서 터보팬 엔진은 다른 제트 엔진보다 적은 연료로 더 많은 추진력을 얻을 수 있을 뿐만 아니라 훨씬 조용해요.

잠수정

지구에는 아직도 우리가 모르는 곳이 남아 있어요. 바로 바다예요. 바다는 우리가 상상하는 것보다 훨씬 깊고 넓어요. 수심 200m 아래로만 내려가도 우리가 알던 바다의 모습은 사라지고 빛이 희미해지지요. 더 아래쪽의 컴컴한 바다를 탐험하려면, 심해 잠수정이라고 하는 특별한 배가 필요해요.

• **탐조등**

바닷속은 수심 200m부터는 햇빛이 희미해지기 시작하고, 수심 1,000m 밑으로 내려가면 빛이라고는 생물의 몸에서 나오는 게 전부일 만큼 컴컴해요. 그래서 잠수정에는 앞을 환히 비출 수 있을 만큼 밝고 강력한 탐조등이 달려 있어요.

조종석에서 탐조등과 카메라를 조종해 바닷속 모습을 촬영해요.

• **투명 아크릴 돔**

돔은 반구형으로 된 지붕이에요. 돔은 잠수정에 탄 승무원들이 바닷속의 신비하고 흥미로운 모습을 탐사하기에 좋은 모양이에요. 다만 유리는 심해의 엄청난 수압을 견딜 수 없기 때문에, 유리보다 가볍고 최대 17배나 강한 투명 아크릴로 만들어요.

돔형의 조종석 덕분에 승무원이 신비로운 바닷속을 잘 살필 수 있어요.

• **유압식 로봇 팔**

깊은 바닷속에서는 잠수정 밖으로 나갈 수 없어요. 그래서 많은 잠수정에는 연구에 쓸 생물과 물질을 수집할 수 있는 유연한 로봇 팔이 장착돼 있어요. 마치 인형 뽑기 기계처럼 잠수정 안에서 팔을 조종할 수 있지요.

로봇 팔은 관절이 있어서 유연하게 움직여요.

로봇 팔로 수집한 시료를 바구니에 넣어서 물 밖으로 가져가요.

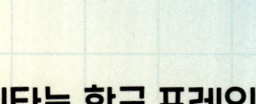

• **티타늄 합금 프레임**

잠수정의 선체는 대부분 티타늄 합금을 이용해 만들어요. 매우 단단하고 녹이 잘 슬지 않는 데다가 강철보다 유연해서, 심해로 들어가도 높은 압력을 잘 견디기 때문이지요. 어떤 잠수정은 안경테와 낚싯대 등에 쓰이는 탄소 섬유로 만들기도 하는데, 역시 가볍고 강하며 유연한 소재예요.

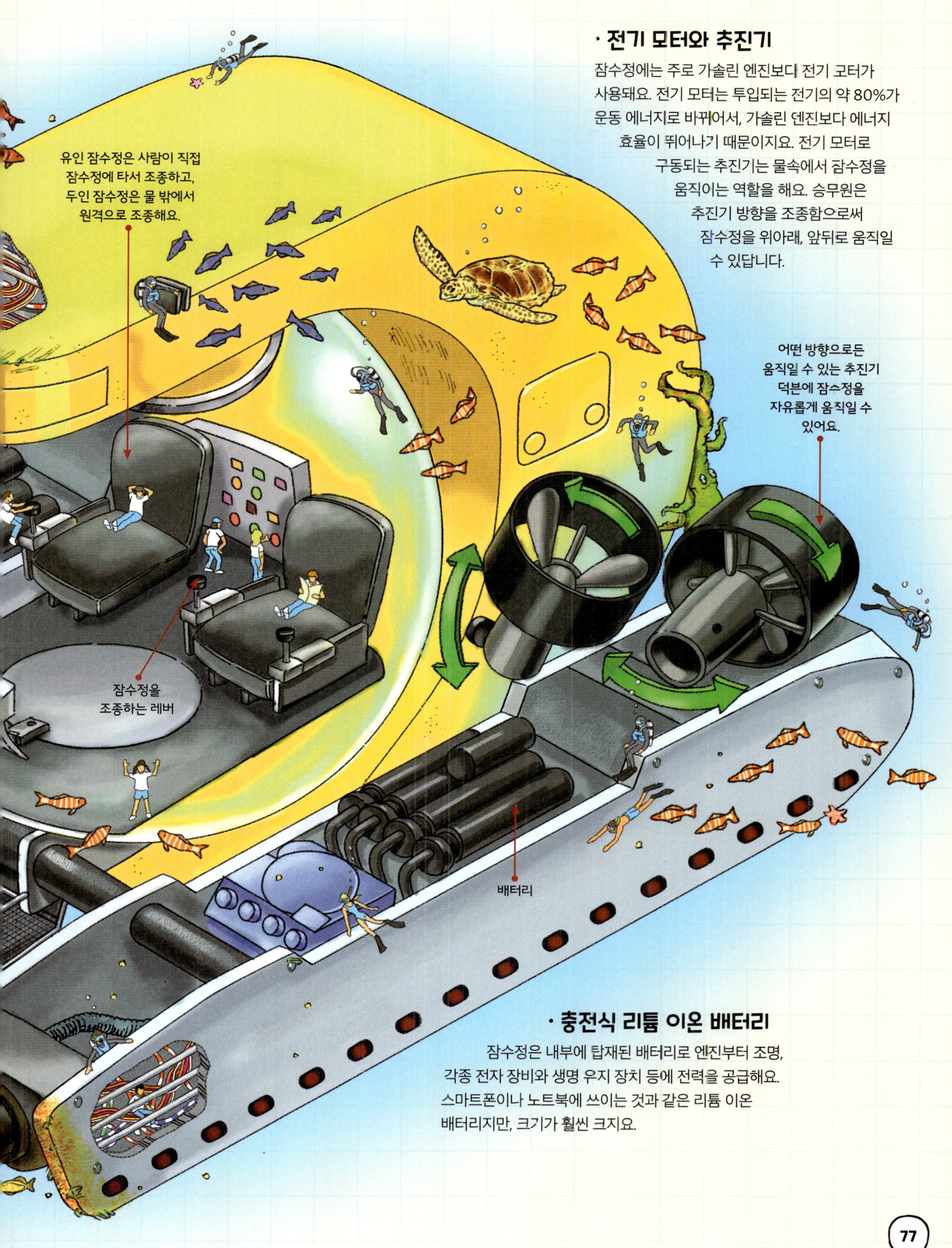

용어 해설

· **계량기**
물, 가스, 전기 등의 사용량을 측정하는 장치.

· **광학식 문자 판독 장치**
빛을 이용해 종이에 쓰인 문자와 숫자를 인식하고 컴퓨터에 입력하는 장치.

· **궤도**
행성이나 인공위성이 다른 천체의 둘레를 돌면서 그리는 타원 모양의 길.

· **기압**
공기가 누르는 힘. 공기를 이루는 기체 입자가 얼마나 몰려 있는지에 따라 기압이 달라진다. 주변보다 기압이 센 곳을 고기압, 약한 곳을 저기압이라고 하고, 공기는 고기압에서 저기압으로 흐른다.

· **기어**
2개 이상의 회전축 사이에서 맞물려 돌아가며 움직임을 전달하는 기계 장치. 주로 자동차 등에서 속력, 힘, 방향을 변화시키는 데 사용한다.

· **노즐**
관 끝에 있는 깔때기 모양의 분출구. 액체나 기체는 좁은 노즐을 통과할 때 속도가 빨라지고, 분출될 때 부피가 팽창한다.

· **단열재**
열이 밖으로 빠져나가거나 안으로 들어오는 것을 막는 데 쓰는 건축용 재료.

· **마이크로파**
파장이 1mm~1m 사이인 전자기파로, 파장이 짧아서 성질이 빛과 비슷하고 살균력이 강하다. 전자레인지, 위성, 통신, 레이더 등에 사용한다.

· **마이크로프로세서**
프로그램의 명령을 해석하고 제어하고 처리하는 장치의 기능을 작은 마이크로 칩 하나에 넣은 것. 컴퓨터와 계산기의 핵심을 담당한다.

· **미생물**
맨눈으로 볼 수 없는 아주 작은 생물. 세균, 효모, 원생동물 등이 있다.

· **바이메탈**
열을 받았을 때 늘어나는 정도가 다른 두 종류의 얇고 좁고 긴 금속판을 맞붙여서 하나의 판으로 만든 물체. 온도가 조금만 변화해도 크게 휘어서, 온도를 조절하는 장치 등에 쓰인다.

· **바코드**
상품의 종류나 가격 등의 여러 가지 정보를 검고 흰 줄무늬로 나타낸 것.

· **발전기**
거대한 자석의 양극 사이에 놓인 코일이 회전하면서 기계 에너지를 전기 에너지로 바꾸어 주는 장치. 직류 발전기와 교류 발전기가 있다.

· **발전소**
발전기나 터빈을 이용해 전기를 생산하는 시설. 수력, 풍력, 지열, 원자력, 석탄 화력, 태양광 등 사용하는 자원에 따라 종류가 다양하다.

· **발효**
효모나 세균 등의 미생물이 탄수화물 같은 유기물을 분해하는 과정.

· **방사성**
방사선을 내뿜는 성질. 이 성질을 가진 물질은 생물의 세포를 파괴하거나 변형시킬 수 있어 위험하다.

· **배터리**
전기 에너지를 화학 에너지로 바꾸어 저장해 둔 장치.

· **밸브**
물이나 가스 등이 흐르는 관에 설치해, 흐름을 제어하는 장치.

· **베어링**
마찰을 줄여 주는 기계 부품. 베어링이 구르면서 맞닿아 움직이는 표면을 분리해, 한쪽 면이 다른 면을 부드럽게 미끄러지게 한다.

· **변압기**
전압을 높이거나 낮추어 주는 장치.

· **분자**
물질이 가진 고유한 성질을 유지할 수 있는 가장 작은 입자. 보통 2개 이상의 원자가 결합해 있다.

· **블루투스**
10m 안팎의 짧은 거리에서 스마트폰, 노트북, 이어폰 등의 디지털 기기를 서로 연결해 정보를 주고받는 무선 통신 기술.

· **선로**
전력을 공급하거나 통신을 할 수 있도록 설치한 선과 시설. 높은 전봇대나 철탑에 건 것을 가공 선로, 땅속에 묻은 것을 지중 선로, 전력을 보내는 것을 송전 선로, 전력을 구석구석 나눠 보내는 것을 배전 선로라고 한다.

· **세균**
아주 미세한 생물체로, 우리에게 도움을 주는 좋은 세균도 있고 다른 생물체에 기생해 병을 일으키는 나쁜 세균도 있다.

- **소각장**
저활용하지 못하는 쓰레기를 모아 불에 태우는 장소.

- **소화조**
하수 처리 과정에서 농축된 슬러지를 미생물로 분해해 부피를 줄이는 시설.

- **송신기**
TV, 라디오, 휴대전화 등에서 신호를 고주파로 바꾸어 내보내는 장치.

- **수신기**
송신기가 보낸 신호를 받아들이는 장치.

- **쇼크 업소버**
바퀴와 차체 사이에 설치돼, 차체에 전달되는 충격을 흡수하고 흔들림을 줄이는 장치.

- **슬러지**
하수 처리나 정수 과정에서 가라앉은 진흙 같은 오물 덩어리.

- **압력**
단위 면적당 수직으로 가해지는 힘. 가스나 증기는 가열하면 압력을 높일 수 있다.

- **압축기**
공기나 가스 등의 기체를 압축시켜서 압력을 높이는 장치. 컴프레서라고도 한다.

- **액화**
기체가 냉각, 압축되어 액체로 변하는 현상.

- **원자**
우리가 들이마시는 공기부터 매일 사용하는 기계까지, 모든 물질을 이루는 가장 작은 입자. 하나의 핵과 여러 개의 전자로 구성돼 있다.

- **음파**
물체가 떨리면서 공기의 압력이 변해서 생기는 파동.

- **응축기**
뜨거운 증기를 식혀서 액체로 만드는 장치.

- **이온화**
중성의 분자 또는 원자 상태에서 전자를 잃거나 얻어서 전하를 띠게 되는 반응.

- **자기력**
자석의 힘. 자력이라고도 한다.

- **자기장**
자석 주변에 자기력이 미치는 공간. 눈에는 보이지 않지만, 자석에 가까울수록 자기력이 세다.

- **저수지**
흐르는 물을 가둬서 저장해 둔 커다란 못.

- **저항**
물체의 운동 방향과 반대 방향으로 미치는 힘. 비행기에 미치는 바람의 저항력을 '항력'이라고 한다.

- **전기**
전선을 통해 전달되는 에너지의 한 형태.

- **전기장**
전기의 힘이 미치는 공간.

- **전류**
전자라고 부르는 아주 작은 에너지 입자의 흐름. 스위치를 켜면 전기 에너지가 곧장 먼 거리까지 이동한다.

- **전압**
전기 회로에서 전류를 흐르게 하는 힘.

- **전자**
음(-)전하를 띤 아주 작은 입자로, 전자가 한 방향으로 연속적으로 흐르는 것을 전류라고 한다. 모든 원자 안에 들어 있다.

- **전자석**
보통 자석과 다르게 전류가 흐를 때만 일시적으로 자석이 되는 것.

- **접점**
스위치 등에서 접촉으로 회로를 완성해서 전류를 흐르게 하는 부분. 보통 금속으로 이뤄져 있으며, 한쪽은 고정되고 한쪽은 움직이는 경우가 많다.

- **증발기**
액화된 냉매를 기체로 만들어서 주변의 열을 흡수하는 장치.

- **추진력**
물체를 앞으로 나아가게 밀어붙이는 힘. 로켓 엔진과 제트 엔진이 내뿜는 가스의 반작용으로 생기는 추진력을 '추력'이라고 한다.

- **추진제**
로켓이 앞으로 나아가는 데 필요한 연료와 산화제를 묶어 부르는 것.

- **축**
에너지를 떨어져 있는 곳에 전달하는 막대 모양의 기계 부품.

- **터빈**
고온 고압의 증기나 가스 등으로 회전 날개를 돌려서 기계 에너지를 만드는 장치. 발전기나 엔진 등에 쓰인다.

- **통신망**
전화선이나 광케이블, 기지국, 송신탑, 수신탑 등의 통신 설비를 이용해 소식이나 정보를 주고받을 수 있도록 연결된 체계.

- **하수관**
빗물이나 우리가 쓰고 버린 물이 흘러가도록 땅속에 묻은 거대한 관.

- **핵연료**
원자로에서 핵분열을 일으켜서 전기 에너지를 만들 수 있는 연료. 플루토늄, 우라늄 등이 있다.

- **회로**
전류가 흐르는 통로. 매우 짧을 수도 있고 몇 킬로미터나 될 정도로 길 수도 있다.

- **GPS**
지구 둘레를 도는 인공위성을 이용해 지구에 있는 물체 위치를 정확히 알아낼 수 있는 시스템.

찾아보기

ㄱ
계량기 9, 11, 61
광케이블 7, 52, 65, 71
광학식 문자 판독 장치 22
궤도 67-71
기상 캐스터 63
기상 예보관 62-63
기압 43, 62, 74
기어 41, 72

ㄴ
냉매 28-29
노즐 56-57

ㄷ
단열재 29
두꺼비집 9, 61

ㄹ
레윈존데 62
로켓 66-69
로켓 엔진 66

ㅁ
마그네트론 27
마이크로파 26-27, 71
마이크로프로세서 58-59
모델링 56
미사일 67
미생물 13-15, 36

ㅂ
바이메탈 32-33
바코드 22-23
반작용 66, 75
발전기 8, 61
발전소 8, 25, 61
발효 37-38
방사성 59
배전 9
배터리 24-25, 47, 50, 59, 69-70, 72-73, 77
밸브 28, 30-31, 49, 73
베어링 31
변압기 9, 24

변전소 8-9
분자 26
블루투스 54

ㅅ
사이펀 48-49
산화제 66-67, 71
선로 9
세계 기상 기구(WMO) 63
세균 13, 29, 39
소각장 17
소화조 14-15
송신기 64, 71
송전 9
쇼크 업소버 72
수신기 50, 65, 71
슈퍼컴퓨터 62-63
슬러지 13-15

ㅇ
안테나 7, 52, 65, 69-71
압력 10, 12, 28, 56, 61, 67, 73, 76
압축기 28-29, 75
애플리케이션(앱) 7, 34, 50-51, 53-55
액화 10-11, 66
액화 천연가스(LNG) 10-11
양력 74-75
엔진 40, 66-68, 72-75, 77
열에너지 17, 46-47
와이파이 52
우주 발사체 66-67
우편번호 6, 18-19, 22
운영 체제(OS) 50-51
원자 59, 61
위성(인공위성) 7, 52, 55, 63, 65-71
음파 25
응축기 28-29
위성 52, 63, 65, 67-71
이온 58-59
이온화 59
인공위성 55, 66-71
일기도 63

ㅈ
자기 24
자기력 25, 47
자기장 24-25, 33, 47
자석 8, 24-25, 33, 47
저수지 12-13
저항 74
전기 7-9, 17, 25, 27, 47, 61, 77, 51
전기 모터 29-31, 40, 43-44, 46-47, 56, 72-73, 77
전기 에너지 46, 70, 73
전기장 61
전기차 73
전력 51, 61, 69-70, 77
전류 8-9, 24-25, 33, 40, 46-47, 51, 58-59, 61
전압 8-9, 24, 27
전자 8, 59, 61
전자기파 27
전자석 24-25, 32-33
전파 52, 64-65, 69-71
접점 24-25, 32-33
정지궤도 68, 71
제트 엔진 66, 74-75
증발기 28-29
지상국 70-71
진공 42-43
집광형 61
집열판 60

ㅊ
차동 기어 72-73
천연가스 10-11
추진력 67, 75
추진제 67, 70-71

ㅌ
태블릿 컴퓨터 54-55
태양 에너지 60-61
태양 전지판 60-61, 69-70
태양광 60-61, 69-70
태양열 60-61, 69-70
터빈 8, 61, 66, 75
터치스크린 50-51, 54
통신망 52, 71

ㅍ
파라볼라 안테나 71
페이로드 67-68
플록 13
필라멘트 56-57

ㅎ
하수 14-15
하수관 6, 15
하이브리드 카 73
항력 74-75
핵연료 8
허블 우주 망원경 69
형상 기억 합금 69
회로 24-25, 32-33, 47, 59
효모(이스트) 36-37

Ⓐ-Ⓩ
GPS 68

①-⑨
4행정 73, 75
3D 56